① 2021년 창업지인 덴마크 빌룬에 준공된 레고그룹의 신사옥. 약 5만 4000m² 부지에 복리후생 시설 등이 갖추어져 있으며, 약 2,000명의 직원이 근무하고 있다. 레고 블록을 연상시키는 유니크한 외관이 눈길을 끈다.

② 레고 본사 사무실의 모습. 곳곳에 레고 작품이 놓여 있다. 직원들의 근무 의욕과 놀이 마인드를 자극하도록 설계되어 있다.

③ 신사옥에는 원칙적으로 직원 고정석이 없다. '어느 장소에서 일할 것인가'에 대한 결정권을 직원에게 주어 주체적인 근무 방식을 장려한다.

④ 직원의 웰빙을 존중하고 다양한 복리후생 프로그램을 마련한다.

⑤ 건물 벽면만 봐도 레고 사무실임을 알 수 있다.

⑥ 덴마크 빌룬 본사 근처에 있는 콘마케인 공장. 크리스마스를 제외하고 364일, 24시간 가동된다. 레고는 헝가리, 멕시코, 체코, 중국에도 생산 거점을 두고 있다.

⑦ 레고 공장의 생산은 거의 자동화되어 있다. 사진 중앙에 있는 것은 성형기가 제조한 블록을 창고로 운반하는 로봇이다.

⑧ 블록이 딱 맞게 끼워지려면 0.005mm 단위의 정밀도로 블록을 성형해야 한다. 사진은 품질을 측정하는 장치다.

⑨ 성형한 블록을 보관하는 창고. 20m 정도의 높이다.

⑩ 2017년 오픈한 '레고하우스' 관내. 'Home of Bricks(블록의 고향)'라는 콘셉트 아래 레고가 오랜 세월 쌓아온 놀이 철학을 체험할 수 있는 다양한 장이 마련되어 있다.

⑪ 레고하우스 중앙에 뿌리를 내린 'Tree of Creativity(창조력의 나무)'. 높이는 15m 이상이며, 631만 6,611
개의 레고 블록이 사용되었다. 레고 빌더들의 무한한 가능성을 상징한다.

⑫ 레고 블록으로 만든 3개의 거대한 공룡. 레고하우스를 상징하는 오브제다.

⑬ 시행착오를 겪으며 블록을 조립하고 그 과정에서 배움을 얻는다. 레고는 창의적 사고를 키우는 도구로도 널리 알려져 있다.

⑭ 레고는 놀이의 디지털화를 추진하는 동시에 점포의 '체험의 장' 역할을 소중하게 생각한다. 레고 매장은 2020년 기준 전 세계에 678곳이 있다.

⑮ 레고 블록은 인터넷으로도 구입이 가능하지만 리얼한 장소에서의 체험이 큰 역할을 한다. 레고 브랜드가 아직 침투하지 않은 중국이나 중동에서는 오프라인 매장의 존재가 무척이나 중요하다.

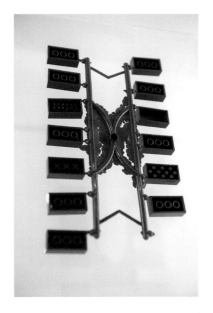

⑯ 블록이 등장하기 전에는 오리 모양의 목재 장난감 풀 토이(끌고 노는 장난감)가 가장 인기 있는 제품 중 하나였다.

⑰ 블록 개발 초기에는 블록끼리 제대로 연결시키기 위해 여러 가지 방법을 시험했다.

⑱ 오리는 과거부터 지금까지 레고를 상징하는 완구 중 하나다.

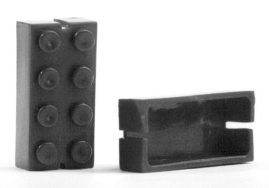

⑲ 최초의 블록은 1949년에 만들어졌으며, 상품명은 '오토매틱 바인딩 브릭스'였다. 측면에 홈이 있었고, 안쪽은 텅 비어 있었다. 1953년에 '레고 블록'으로 명칭을 변경했다.

⑳ 1978년에 등장한 '플레이 테마'는 레고 놀이의 세계를 넓히는 계기가 되었다. '캐슬(성)', '스페이스(우주)', '타운(마을)' 시리즈가 대히트를 치면서 아이들은 자신이 만든 세계에 몰입했다.

㉑ '캐슬(성)' 시리즈와 함께 초기 인기 플레이 테마였던 '스페이스(우주)' 시리즈. 우주비행사 미니 피규어는 이후 2014년에 개봉한 〈레고 무비〉의 주역 중 한 명으로 뽑혔다.

㉒ 2008년부터 출시되기 시작한 '레고 아키텍처' 시리즈는 레고 팬들의 독특한 아이디어가 기점이 되어 탄생했다.

㉓ 2017년에 등장한 '레고 부스트'는 태블릿 앱으로 프로그래밍을 하면서 블록을 움직일 수 있다.

㉔ 1998년 미국 매사추세츠공과대학교(MIT) 미디어랩과의 공동 연구로 탄생한 '레고 마인드스톰' 시리즈. 프로그래밍 언어로 레고를 조작할 수 있는 이 제품은 지금도 높은 인기를 자랑하고 있으며, 교육기관에서 교재로도 활용되고 있다.

㉕ 2015년 6월 레고는 블록에 사용되는 플라스틱 원료를 2030년까지 모두 재생 가능한 소재로 대체하겠다는 계획을 밝혔다. 10억 덴마크 크로네(약 1,900억 원)를 투입하는 대형 프로젝트로, 신소재 연구 개발은 지금도 계속되고 있다.

㉖ 2018년 그 첫 성과로 식물 유래 플라스틱으로 만든 식물 엘리먼트를 공개했다.

㉗ 레고의 창업자 올레 키르크 크리스티얀센. 빌룬에서 작은 가구 공방을 운영하다 1929년 세계대공황 이후 어린이용 장난감을 만들기 시작했다. 이것이 바로 레고의 시작이었다.

㉘ 창업 2세 고트프레드 키르크 크리스티얀센. 무엇이든 만들 수 있는 레고 블록의 '놀이 시스템'이라는 콘셉트를 만들어 냈다.

㉙ 창업 3세 켈 키르크 크리스티얀센. 레고 중흥의 시조로서 전 세계에 레고 블록의 매력을 널리 알렸다.

㉚ 창업 4세 토마스 키르크 크리스티얀센. 3세로부터 바통을 넘겨받아 레고의 얼굴로서 점차 활동 범위를 넓혀 가고 있다.

㉛ 2004년 레고 CEO(최고경영자)로 취임한 요안 비 크눗스토프. 레고를 위기에서 구한 일등 공신으로 알려져 있다.

㉜ 2017년 레고그룹 CEO로 취임한 닐스 크리스티얀센. '영감을 주며 미래의 주역을 키운다'라는 미션 아래 Purpose(존재 의의) 주도형 경영을 추진하고 있다.

더 레고 스토리

THE LEGO STORY

더 레고 스토리

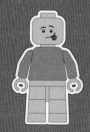

에비타니 사토시 지음 / 류지현 옮김

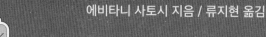

장난감 브랜드,
혁신의 아이콘이 되다

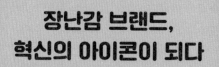

유엑스 리뷰

차례

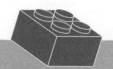

2장. 아무도 레고를 가지고 놀지 않는다

3장. '레고 스타워즈'의 빛과 그림자

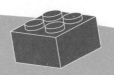

4장. 혁신은 제약에서 태어난다

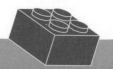
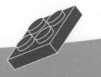

5장. 히트의 씨앗은 팬에게 있다

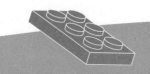

6장. 놀이를 통해 배우는 창조적 사고

7장. 전략 수립에도 유용한 레고

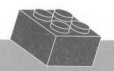

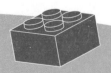

THE LEGO STORY

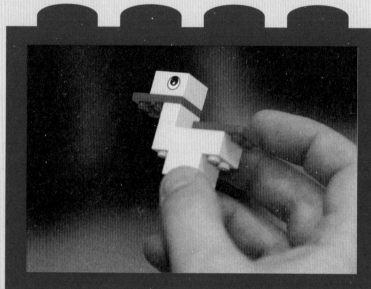

6개의 블록으로 만든 오리는 레고로 얼마나
다양한 아이디어를 형상화할 수 있는지를 상징한다.

서장

작은 블록 하나의
놀라운 영향력

이 책은 세계 유수의 브랜드 레고[LEGO]의 경영 전략을 소개한다. 레고의 파란만장한 궤적을 따라가며 경쟁력의 원천이 되는 가치를 발견해 나가는 과정을 구체적으로 그렸다. 그 과정은 드라마틱하지만 본질적이다. 매일매일 무언가와 경쟁하며 자신의 강점을 찾고자 노력하는 많은 기업인과 직장인에게 중요한 힌트를 제공할 것이라 생각한다.

이 책을 손에 쥔 당신에게는 레고에 대한 자세한 설명이 필요하지 않을 것이다. 여러 가지 색의 플라스틱 블록은 지금도 세대를 불문하고 많은 사람에게 사랑받고 있다. 사실 이 작은 장난감은 다양한 형태로 아이들뿐 아니라 유명 글로벌 기업 및 그곳에서 일하는 성인들에게도 큰 영향을 미치고 있다.

구글과 토요타에도 미친 영향력

레고는 창의력을 자유롭게 발휘할 수 있게 하는 훌륭한 도구다. 세계 굴지의 혁신 기업 구글[Google]의 로고를 떠올려 보자. 잘 알려지지 않은 사실인데, 구글 로고에 사용된 4가지 색상 중 빨강, 파랑, 노랑은 레고의 기본 블록에서 착안했다고 한다.

구글의 창업자 세르게이 브린[Sergey Brin]과 래리 페이지[Larry Page]는 자타공인 레고 애호가다. 그들은 회사를 설립했던 스탠퍼드대학교 재학 시절부터 밤낮없이 레고를 만지작거리며 새로운 서비스와 사업을 구상했다.

그들은 획기적인 서비스를 잇달아 내놓으며 회사를 실리콘밸리의 작은 스타트업에서 글로벌 기업으로 성장시켰다. 2015년에는 지주 회사 알파벳Alphabet을 정점으로 하는 그룹 경영 체제로 이행했다. 자율주행과 생명과학까지 다루는 거대 기업이 된 지금도 임직원들이 늘 창조 정신을 잊지 않도록 세계 각지 사무실에 레고를 두고 있으며, 레고를 사용한 직원 워크숍 등을 열고 있다.

'레고가 없었다면 구글은 탄생하지 못했을 것이다'라고 말하면 약간 과장일 수도 있지만, 그래도 구글의 탁월한 서비스 중 일부는 레고가 없었다면 세상에 등장하지 않았을지도 모른다. 2014년 구글은 레고와 그토록 바라던 제휴를 맺었다.

이번에는 2020년 5년 만에 세계 판매 1위를 기록한 토요타Toyota에 대해 이야기해 볼까 한다. 토요타는 레고처럼 각 부품으로 자동차를 조립하는 방법인 모듈 개발을 도입한 후 재기에 성공했다.

본래 일본 제조업의 특장점이라 할 수 있는 장인 기술은 정밀한 연마를 바탕으로 한다. 그러나 자동차 업계에 이와 정반대 개념인 '레고 모델' 방식이 정착되면서 차대와 엔진, 변속기 등의 공통 부품을 블록처럼 조립하여 상이한 차종을 효율적으로 생산할 수 있게 되었다. 2010년대 초반 이를 일찌감치 도입한 독일 폭스바겐VW 그룹은 토요타를 맹렬히 추격해 한때 세계 최고의 판매 대수를 달성하기도 했다. 2015년 토요타는 모듈 생산을 본격적으로 도입해 왕좌를 탈환했다.

이제 경쟁 무대는 가솔린 자동차에서 전기 자동차로 옮겨 가고 있지만, 여기서도 배터리나 모터를 블록처럼 조합하는 개발 방법이 주류가 되고 있다.

초등학교에서 필수 과목이 된 프로그래밍 교육에서도 레고의 존재감이 드러나고 있다. 어린이용 프로그래밍으로 압도적인 지지를 받는 언어 '스크래치Scratch'의 탄생은 레고와 깊은 관련이 있다.

해당 언어를 무료로 공개한 미국 매사추세츠공과대학교MIT 미디어랩 교수이자 스크래치의 창시자로 알려진 미첼 레즈닉Mitchel Resnick은 "스크래치의 기본 개념은 블록을 조립하듯 프로그램을 만드는 것이다. 레고에서 큰 영감을 받았다."라고 말했다. 그는 지금도 레고와 공동으로 차세대 교육에 관한 다양한 연구를 진행하고 있다.

2000년대 이후로 레고는 사회인 인재 개발을 위한 창의력 툴로 주목받고 있다. 인터넷이나 AI(인공지능)의 예를 들 필요도 없이 눈부신 기술 발전으로 인해 체득한 스킬이 금세 진부해지는 시대가 되었다. 예측할 수 없는 미래 변화에 대응하기 위해서는 과거에 축적된 지식을 효율적으로 주입하는 것이 아니라 필요한 지식이 무엇일지 자율적으로 생각하고 습득해 나가는 발상의 전환이 필요하다. 예상치 못한 질문에 직면했을 때 스스로 해결책을 찾아내는 창의적 사고력에 대한 니즈가 높아지고 있는 것이다.

레고에는 이 창의적 사고를 강화할 수 있는 다양한 방법이 있다. 본인의 경험을 레고로 표현하는 교재, 자신의 생각을 레고로 표현하여 팀의 커뮤니케이션을 원활하게 만드는 워크숍, 레고로 기업 전략을 책정하는 프로그램 등 다양한 활용법이 세계 각지에서 활발하게 전개되고 있다. 레고는 그야말로 다양한 곳에서 혁신을 일으키는 매우 중요한 도구로 사용되고 있다.

머릿속 아이디어를 현실로

그렇다면 그저 단순한 장난감이 어떻게 우리 사회에 다양한 형태로 영향을 미치고 있는 것일까? 그 이유 중 하나는 블록을 조립하는 레고 놀이의 본질이 머릿속에 막연히 존재하는 아이디어를 형상화하는 최적의 수단이기 때문이다.

2004년부터 2016년 말까지 사업회사 레고의 CEO를 맡았으며, 지금은 레고 브랜드 그룹의 회장인 요안 비 크눗스토프Jorgen Vig Knudstorp는 레고 블록이 가진 가능성을 체감하도록 할 때 반드시 선보이는 프레젠테이션이 있다. 준비물은 노란색 4종류, 빨간색 2종류의 레고 블록뿐이다. 크눗스토프는 본격적으로 프레젠테이션을 시작하기 전에 청중 한 사람 한 사람에게 레고 블록이 들어 있는 주머니를 건네며 이렇게 말한다.

6개의 서로 다른 모양의 블록으로 만든 오리. 모양은 다르지만 모두 번듯한 오리다.

"주머니에는 서로 다른 6개의 블록이 들어 있습니다. 이걸 모두 사용해 오리를 만들어 보시기 바랍니다. 여러분만의 오리지널 오리입니다. 제한 시간은 60초입니다. 준비, 시작!"

조립을 하는 데 특별한 제약은 없다. 갑자기 블록으로 오리를 만들어야 하는 청중은 어안이 벙벙하지만 묵묵히 블록을 조립하기 시작한다. 그 모습은 참으로 흥미롭다. 반짝이는 눈으로 순식간에 오리를 완성하는 사람도 있고, 고개를 갸웃거리며 만들었다가 부수기를 반복하는 사람도 있다.

"자, 종료!"

그렇게 60초의 시간이 끝나면 장내는 떠들썩해진다. 서로 자신이 만든 오리를 보여 주며 자연스럽게 대화를 나눈다. 장내는 작은 오리 품평회가 되어 갑자기 활기를 띤다. 크눗스토프는 만족스러운 얼굴로 사람들을 둘러보다 적당한 타이밍에 입을 연다.

"여러분이 만든 오리는 어느 것도 모양이 똑같지 않을 겁니다. 다른 사람의 오리가 어쩌면 당신에게는 오리처럼 보이지 않을 수도 있습니다. 하지만 모두 번듯한 오리입니다. 그만큼 인간은 다양하고 풍부한 아이디어를 가지고 있습니다."

정답은 하나가 아니다

학교, 기업, 사회, 그리고 인생……. 우리가 사는 이 세상은 너무나 자주 '단 하나의 대답'을 찾기를 요구한다. 지금까지의 학교 교육에서는 늘 어떠한 질문에 정답이 정해져 있다는 전제하에 누구보다 빠르고 정확하게 답을 제시하는 사람이 높은 평가를 받아 왔다. 그런데 현실 세계에서는 어떠한 문제에 단 하나의 정답이 존재하는 경우가 드물다. 애당초 무엇이 문제인지조차 알 수 없는 것이 많다.

과제를 인식하고 질문을 제기하고 시행착오를 거듭하면서 스스로 생각해 답을 도출하는 것! 바로 이 행위에 본래 인간의 가치가 있다.

오리의 예를 통해 알 수 있듯 질문도, 대답도 사람의 수만큼 존재한다. 그 차이, 즉 서로 다른 다양성을 통해 새로운 것을 발견할 수 있다.

크눗스토프는 이렇게 말한다.

"레고는 인간의 다양한 아이디어와 사고방식을 도출하고 발굴하는 도구이기도 하다. 훌륭한 장난감 그 이상이라고 할 수 있다."

레고 2×4 블록. 6개의 조합으로 약 9억 종류의 형태를 만들 수 있다.

2×4 레고 블록을 보자. 이론적으로는 이 블록 2개를 조합하여 24종류의 형태를 만들 수 있다. 3개로는 1,060종류, 6개로는 약 9억 종류의 형태를 만들 수 있다. 그래서 참가자들 사이에서 완전히 같은 오리가 만들어질 가능성은 매우 낮다.

레고 블록의 조합은 정말이지 무한대에 가깝다. 자유도가 높아 무엇이든 만들 수 있기에 많은 사람이 다양한 아이디어를 제시해 왔다.

90년 이상의 역사를 자랑하는 비상장 기업

하지만 이러한 설명은 블록의 매력을 해설하고 있는 것에 지나지 않는다. 그럼 왜 레고가 개발하는 블록은 전 세계 소비자들에게 큰 호응을 얻는 것일까? 그것은 레고의 꾸준한 혁신 덕분이다.

레고는 1916년 북유럽 덴마크 서부 지역의 빌룬에서 탄생한 비상장 회사다. 목수였던 창업자 올레 키르크 크리스티얀센Ole Kirk Christiansen이 1932년 목재 완구를 제조·판매한 것이 시작이 되었으며, 지금도 오너 일가가 75%의 주식을 보유하고 있다. 블록 제조·개발을 사업의 주축으로 삼고 있으며 약 90년의 역사를 자랑한다.

현재는 창업가의 자산운용회사 키르크비Kirkbi하에 레고 완구 사업을 총괄하는 레고그룹, 벤처캐피털인 레고벤처스, 대학 등에서 레고의 교육 연구를 진행하는 레고파운데이션(레고재단), 레고랜드를 비롯한 테마파크 사업을 운영하는 영국 멀린엔터테인먼트 등을 보유하고 있다. 임직원 수는 레고그룹만으로도 2만 명이 넘는다.

사실 레고 블록의 기본 특허는 1980년대부터 각국에서 기한이 만료되었다. 그래서 지금은 레고와 완전히 같은 블록을 누구나 제조 및 판매할 수 있다. 실제로 1990년대 이후부터 경쟁 관계에 있는 장난감 회사들이 레고보다 저렴하면서 레고와 호환되는 블록을 잇달아 출시했다. 일반적으로 같은 기능을 가진 제품을 많은 회사가 출시하면 그 제품은 범용품이 되어 가치가 떨어진다.

특허 만료로 진입 장벽이 낮아져 누구나 같은 것을 생산할 수 있다면 결국 가격으로 차별성을 둘 수밖에 없게 된다. 이렇게 되면 해당 회사들은 대개 가격 인하로 인한 소모전에 빠지고, 결국에는 도태, 또는 쇠퇴의 길을 걷게 된다. 반도체, 가전, 스마트폰 등 과거 많은 제품이 이러한 패턴을 답습했다.

10년 만에 3배로 늘어난 매출

그러나 레고는 이에 해당하지 않았다. 2020년 연간 결산 결과, 레고의 매출액은 436억 5,600만 덴마크 크로네(약 8조 4,300억 원), 영업이익은 129억 1,200만 덴마크 크로네(약 2조 4,900억 원)로 10년 만에 3배가량 늘어났다. 레고는 '바비인형'으로 유명한 미국의 마텔Mattel과 '모노폴리'로 알려진 미국의 해즈브로Hasbro를 제치고 완구 메이커 세계 제일의 자리에 당당하게 군림했다. 사업을 블록의 개발·제조로 좁힌 결과, 제조업으로는 눈에 띄는 효율 경영을 자랑하는 것도 특이한 점이다.

레고의 매출액 영업이익률은 29.6%, ROE(자기자본이익률)는 43.4%였다. 이는 라이벌 장난감 회사들을 훨씬 웃도는 수준으로, 2020년 이후 코로나19 사태가 호재로 작용하여 성장세가 더욱 빨라졌다. 업종과 규모는 다르지만 GAFA(구글, 애플, 페이스북, 아마존) 등 거대 인터넷 기업에 필적한다. 사업 성장에 따라 브랜드 파워도 높아지고 있으며, 미국의 한 회사에서 조사한 바에 따르면 2020년과 2021년 2년 연속 브랜드 신뢰 순위 TOP을 차지했다.

기존의 레고는 학습 완구의 이미지가 강했으나 지난 20년간 그러한 인식이 크게 바뀌었다. '레고 스타워즈'를 비롯하여 '레고 프렌즈', '레고 시티', '레고 닌자고'와 같은 인기 시리즈가 등장했으며, 신제품 출시 수는 연평균 350개가 넘는다. 2020년에는 닌텐도와 컬래버레이션한 '레고 슈퍼마리오'를 발매하여 세계적 히트를 기록했다.

레고는 프로그래밍을 조합한 '레고 마인드스톰'과 '레고 부스트', 블록을 조합하여 뮤직비디오를 만드는 '레고 비디요' 등 아날로그와 디지털을 결합한 새로운 놀이를 개척하는 일에도 의욕적이다.

세대를 넘어 큰 사랑을 받고 있는 레고는 많은 성인 팬을 보유하고 있다. 유명한 건축물을 레고로 조립하는 '레고 아키텍처', 앤디 워홀Andy Warhol 등의 예술 작품을 만들 수 있는 '레고 아트' 등 폭넓은 연령층을 위한 제품들을 꾸준히 개발하고 있다.

또한 팬들로부터 신작 관련 아이디어 및 의견을 모아 인기투표를 통해 제품화하는 플랫폼 '레고 아이디어'를 운영하여 사용자의 지혜를 잘 반영하는 구조를 구축하기도 했다. 최근에는 온라인 커뮤니티 구축에도 적극적으로 나서 2017년 레고 팬끼리 교류할 수 있는 어린이용 SNS '레고 라이프'를 오픈했는데, 스마트폰 앱 다운로드 수가 590만에 달한다. 2019년에는 전 세계 100만 명 이상의 성인 레고 팬을 가진 커뮤니티 사이트 '브릭링크BrickLink'를 인수했다.

레고는 세계적인 브랜드 파워를 바탕으로 끊임없이 히트작을 만들어 내고 있으며, 독창적인 접근법으로 비즈니스를 펼쳐 나가고 있다. 그 참뜻은 이후에 더욱 자세히 알아볼 수 있도록 여기서는 세부 내용은 언급하지 않고, 필자가 왜 레고라는 기업에 관심을 가지게 되었는지 간단히 기술하도록 하겠다.

당신이 회사를 떠나면 회사는 무엇을 잃는가

'당신의 가치는 무엇인가.'

이 질문이 막연하게 느껴진다면 '당신이 회사를 떠나면 회사는 무엇을 잃는가'라고 바꿔 말해도 좋다.

AI와 로봇 등의 사회가 구현되기 시작하면서 기존에 인간이 담당하던 업무가 하나둘 대체되고 있다. 'AI 시대에도 영원할 인간의 근원적 가치란 무엇인가'라는 물음이 개인의 의사와 관계없이 모든 사람에게 던져지고 있다.

이는 20년 이상 편집기사로 일하고 있는 필자에게도 해당하는 일이다. 유럽과 미국의 주요 미디어는 디지털화로 방향을 전환하고 정보기술을 구사한 콘텐츠 제작을 본격화한 지 오래되었다. AI 기술은 편집 현장에도 꾸준히 적용되어 대형 언론을 중심으로 AI를 이용하여 기사를 작성하기 시작했다.

예전 같으면 기자가 몇 시간을 투자해 작성했을 기사를 AI는 불과 몇 분 만에 완성할 수 있다. 진화의 속도도 굉장히 빨라 머지않아 인간이 작성한 기사와 AI를 활용하여 작성한 기사를 구분할 수 없게 될 것이다. 현재 필자는 소셜미디어 회사에서 콘텐츠를 제작하고 있는데, AI의 존재감은 나날이 높아지고 있다.

인간의 자리를 위협하는 AI

옥스퍼드대학교 교수 마이클 오스본Michael Osborne과 연구자 칼 베네딕트 프레이Carl Benedikt Frey가 2013년에 발표한 논문 〈고용의 미래The Future of Employment〉는 큰 반향을 일으켰다.

'조사 대상인 미국의 702개 직업 중 절반 가까이가 미래에 컴퓨터 자동화 프로그램으로 대체될 가능성이 있다'라는 예측에서는 구체적인 자동화 대체 확률이 제시되기도 하여 전 세계에 큰 충격을 주었다. 그 상위에 포함되는 것은 트럭 운전이나 부품 조립과 같은 단순 노동만이 아니다. 금융 어드바이저, 특허 전문 변호사, 의료진 등 고도의 판단이 필요한 일도 포함되어 있다.

이 논문에 반대 의견을 낸 사람도 많지만, 어쨌든 이를 계기로 'AI가 우리의 일하는 방식을 어떻게 바꿀 것인가'라는 논의에 대한 관심이 세계적으로 높아진 것은 사실이다. 현시점에서 이 논문대로 될지는 그 누구도 예측할 수 없다. 하지만 '일의 기능과 상관없이 인류가 일하는 방법의 가치를 재검토할 시대의 기점에 와 있다'라는 오스본과 프레이의 주장은 진실일 것이다.

AI가 보도자료를 읽고 해설 기사를 쓰게 되는 세상, AI가 의사 대신 환자의 증상을 판단하는 세상, 로봇이 사장을 대신하여 의사결정을 내리는 세상! 그런 세상이 일부에서는 이미 도래했다. 인간만이 가진 것으로 여겨져 온 가치가 범용화되기 시작한 것이다. 이러한 세계의 흐름 속에서 우리는 어떤 가치를 발휘해야 할까?

자신의 가치를 되묻다

이 테마를 생각할 때 레고는 매우 흥미로운 소재가 된다. 레고라는 회사 자체가 핵심 제품인 블록의 범용화 파도에 휩쓸렸고, 이를 계기로 자신들의 가치를 재검토하고 경영을 개혁하여 부활했기 때문이다.

이 회사가 가진 유일무이한 가치는 바로 블록이다. 레고는 창업 이래 쉽게 깨지지 않는 튼튼한 블록을 제조하는 것을 경쟁력의 원천으로 삼아 왔다. 그런데 1980년대 후반 이 블록의 특허가 만료되어 누구나 레고와 같은 블록을 제조할 수 있게 되었다. 그 결과, 레고보다 저렴하게 유사 제품을 판매하는 회사들이 등장해 가격 경쟁 위기에 놓였다. 설상가상으로 이 시기에 가정용 비디오 게임이라는 새로운 라이벌도 등장하여 아이들의 관심을 빼앗아 갔다.

당초 레고는 이러한 환경 변화에 적응하지 못해 경영의 갈피를 잡지 못했다. 대부분의 임직원이 예전의 영광에서 헤어 나오지 못했다. 그 결과, 조치가 늦어졌고, 내놓은 대책들은 모두 실패했다. 레고는 시장에서 압도적인 힘을 자랑해 온 나머지 신기술의 등장에 대응하지 못했고, 서서히 점유율을 잃었다. 2004년 레고는 엄청난 적자를 기록하며 위기에 몰렸다. 하지만 포기하지 않고 이를 악물고 노력한 끝에 결국 훌륭하게 부활에 성공했다.

레고는 절망적인 순간에 자신들만의 본질적인 가치를 재검토하여 '블록 조립하기'라는 경험을 전달하는 데 사업을 집중했다. 전략을 재조정하고 자신들의 가치를 가장 효과적으로 소비자에게 제공하는 조직으로 변화를 꾀한 것이다.

이 책은 필자가 덴마크에 있는 레고 본사를 비롯해 세계 각지에 있는 현장을 방문하여 경영진부터 현장 직원, 이전 직원 등 많은 레고 관계자들을 취재한 끝에 완성한 레고의 '탈脫범용화 경영' 기록이다. 지속적으로 혁신을 창출하는 방법론이나 팬의 아이디어를 제품 개발에 반영하는 '사용자 혁신User Innovation' 플랫폼의 전술, 특히 레고가 지난 20년간 길러 온 경영의 기본적인 사고방식과 비즈니스 접근법은 탈범용화 경영의 샘플로, 분명 조직의 리더와 신규 사업 담당자에게 시사점과 자극을 줄 것이다.

위기를 넘어

2000년대 초 경영 위기를 극복하고 부활한 레고는 위기 대응력이 현격히 올라갔다. 13년 이상 증수증익(매출과 수익의 동시 증가)을 기록했으며, 2017년 연간 결산에서는 감수감익(매출과 수익의 동시 감소)에 빠졌지만 재빠르게 대책을 세워 기세를 되찾았다.

2017년 10월 CEO로 취임한 닐스 크리스티얀센Niels Christiansen은 급성장으로 인한 레고의 변화에 신속하게 대응하여 경영의 재구성에 성공했다. 코로나19 팬데믹에 의한 경영 환경의 변화에도 기민하게 반응했고, 결과적으로 2020년 연간 결산에서는 사상 최고 이익을 경신했다.

하지만 앞으로도 계속해서 순조로울 것이라는 보장은 없다. 코로나19와 같은 새로운 문제가 발생할 수도 있고, 완구 업계를 위협하는 새로운 기술도 계속해서 등장할 것이다. 굳이 스마트폰을 예로 들지 않더라도 놀이의 디지털화는 더욱 가속화될 전망이다.

한 차례 혁신의 딜레마를 이겨 낸 레고라 하더라도 대응에 대한 유연성이 부족하면 언제든 다시 위기에 빠질 것이다. 그래도 한 가지 분명한 사실은 레고에는 '우리는 누구인가'를 묻는 기업 문화가 제대로 뿌리내리고 있다는 것이다.

레고가 끊임없이 던지는 질문, 즉 '우리는 무엇을 이루고 싶은가', '어떤 가치를 사회에 제공할 수 있는가', '레고가 없어지면 사회는 무엇을 잃는가?'를 '내가 회사를 떠나면 회사는 무엇을 잃는가'로 바꾸면 앞으로의 시대를 살아가는 우리 모두를 향한 질문이 된다.

들어가며

어린이용 완구 메이커로 시작한 레고. 그들은 성장 과정에서 놀이의 즐거움을 여러 세대로 넓혀 타깃층을 성인으로 확대했다. 또한 놀이뿐 아니라 배움의 가치도 발견하여 교육과 기업 경영, 혁신 창출 등으로도 용도를 넓혀 갔다.

이 책에는 레고의 역대 CEO 외에도 사용자 혁신의 권위자이자 MIT 교수 에릭 폰 히펠Eric von Hippel, 프로그래밍 언어 스크래치를 개발한 MIT 미디어랩 교수 미첼 레즈닉Mitchel Resnick, 그리고 레고로 기업의 전략 책정 등을 실현하는 '레고 시리어스 플레이'의 창시자 로버트 라스무센Robert Rasmussen의 인터뷰를 수록했다. 책의 후반부에는 잘 알려지지 않은 레고 공장의 현장 기록도 수록했다.

　레고의 흥미로운 경영 궤적을 통해 독자 여러분이 자신의 가치를 파악해 나가길 바란다. 별도의 코멘트가 없다면 직함은 취재 당시 기준이며, 인터뷰 이외의 경칭은 줄여서 썼다.

THE LEGO STORY

2021년 창업지인 덴마크 서부 빌룬에 완성된 신사옥

1장

GAFA를 능가하는 효율 경영

북유럽 덴마크 서부에 위치한 인구 약 6,000명의 작은 도시 빌룬. 마을 정도 규모밖에 되지 않는 이곳에 전 세계 사람들을 매료시킨 블록 완구의 본사가 있다는 사실은 유럽인들에게도 잘 알려져 있지 않다.

　2021년 3월 10일 아침, 한 오피스 빌딩에서 장신의 남자가 발표 순서를 기다리고 있었다. 그의 이름은 닐스 크리스티얀센으로 세계 최대의 완구 메이커 레고의 CEO였다. 그는 트레이드 마크인 갈색 안경을 쓰고 흰 셔츠와 진한 남색 재킷을 걸친 채 편안한 표정으로 카메라를 응시했다. 잠시 후 그는 2020년 연간 결산 결과를 발표할 예정이었다.

　직원 연수실을 개조한 특설 스튜디오에서는 방송을 앞두고 스태프들이 매우 분주하게 움직이고 있었다. 실적을 기록한 보도자료는 1시간 30분 전에 공개되었고, 언론사들이 발 빠르게 속보 기사를 배포하고 있었다.

　'레고, 창업 이래 최고 이익 경신'

　오전 10시 30분, 크리스티얀센은 이러한 타이틀을 곁눈질로 살피며 프레젠테이션을 시작했다.

코로나19도 이겨 낸 엄청난 경영 성과

"이 자리에 모인 모든 분들을 환영합니다."

크리스티얀센은 인사를 마친 뒤 전 세계에서 각자의 자리를 지키며 열심히 일하고 있는 직원들의 노고를 치하했다.

"코로나19는 우리의 일과 생활을 완전히 바꾸어 놓았습니다. 전례 없는 시련이 계속되는 가운데 헌신적으로 임해 준 전 세계 직원들에게 진심으로 감사드립니다."

그리고 이어서 전 세계 아이들에게도 고마움을 전했다.

"코로나19로 집에 있을 수밖에 없었던 많은 아이들이 놀이 상대로 레고를 선택해 주었습니다."

결산 발표 자리에서 그룹의 수장이 진지한 얼굴로 아이들에게 감사함을 전하는 모습은 완구 메이커이기에 가능한 장면일 것이다. 코로나19가 지속되는 동안 레고의 인기는 대단했고, 실적을 끌어올리는 큰 요인이 되었다. 2021년 미국 조사 전문기업 렙트랙^{RepTrak}이 실시한 브랜드 신뢰 순위에서 레고는 롤렉스와 페라리를 누르고 2년 연속 1위에 올랐다.

크리스티얀센은 이렇게 말하며 가슴을 활짝 폈다.

"레고 브랜드의 인지도와 신뢰는 전례가 없을 정도로 높아지고 있습니다."

자신감에 찬 그의 모습에서 세계 제일의 완구 메이커를 이끄는 지도자의 품격이 느껴졌다. 3년 전 긴장한 표정으로 기자들의 질문에 더듬거리며 대답하던 모습은 찾아볼 수 없었다. 그도 그럴 것이 크리스티얀센은 CEO로 취임한 이후 지난 3년간 당당히 스피치를 할 수 있을 정도의 성과를 거두었다.

압도적 경영 효율 갈고닦기

그의 첫 번째 자신감은 실적으로 나타났다. 우상향 그래프가 화면에 나타나자 크리스티얀센은 이렇게 말하며 미소를 보였다.

"모든 수치가 만족스럽습니다."

레고의 2020년 연간 결산 매출액은 전년 대비 13.3% 증가한 436억 5,600만 덴마크 크로네(약 8조 4,300억 원), 영업이익은 동기간 19.2% 증가한 129억 1,200만 덴마크 크로네(약 2조 4,900억 원)였다. 두 자릿수 이익 증가는 4년 만으로, 매출액과 영업이익 모두 사상 최고치를 기록했다. 완구업계에서 이러한 성장세는 흔치 않은 일이다.

레고의 매출액 중 소비자 매출만 봤을 때 그 성장세는 전기 대비 21% 증가하여 2020년 완구업계 평균인 10%를 11포인트 웃돌았다. 오랜 라이벌인 마텔과 해즈브로가 코로나19로 인해 어려움을 겪은 반면, 레고는 오히려 그 덕분에 성장했다. 레고는 그렇게 완구업계에서 세계 제일의 자리에 군림했다.

매출 규모만 대단한 것이 아니다. 사업을 블록의 개발·제조로 좁힌 비즈니스 모델을 통해 실현된 압도적인 경영 효율 역시 대단한 노력이 깃든 성과였다. 일반적인 완구 제조업체는 시즌마다 새로운 완구를 생산하기 위해 설비를 업그레이드한다. 하지만 레고는 블록 생산 설비를 변경할 필요가 없다. 제품에 필요한 블록 조합을 바꾸고 새로운 패키지로 발송하면 신제품을 계속해서 생산할 수 있기 때문이다.

효율적인 비즈니스 모델의 결과, 2020년 연간 영업이익률은 29.6%, ROE(자기자본이익률)는 43.4%였다. 모두 지난 분기 대비 각각 약 1포인트, 약 6포인트 상승했다. 업종이 상이하여 단순 비교를 할 수는 없지만 ROE의 경우(2020년 기준), 미국 알파벳(구글의 모회사)

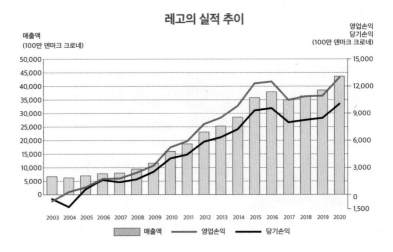

레고의 실적 추이

매출액
(100만 덴마크 크로네)

영업손익
당기손익
(100만 덴마크 크로네)

출처: 레고의 연차 보고서를 바탕으로 필자가 작성

의 19%, 미국 페이스북의 25.4%, 미국 아마존의 27.4%를 웃돈다. GAFA(구글, 애플, 페이스북, 아마존)라 불리는 세계 거대 인터넷 기업에 필적하는 놀라운 성과였다.

두 번째 자신감은 사업의 핵심인 레고 제품에서 계속해서 히트작이 탄생하는 것에서 비롯되었다. 최근 사례는 2020년 닌텐도와의 컬래버레이션으로 탄생한 '레고 슈퍼마리오'다.

세계적으로 유명한 슈퍼마리오의 세계를 레고로 재현하여 독자적인 부가가치를 담은 것이 엄청난 인기로 이어졌다. 아이들에게 자신의 손으로 직접 오리지널 마리오의 세계를 만드는 자유를 부여한 것이다. 즉, 매뉴얼대로 블록을 조립하여 코스를 재현할 수 있을 뿐만 아니라 창의성을 발휘하여 자신만의 코스를 만들 수 있다. 세심한 설계로 생동감을 높인 결과, 발매 전부터 화제를 모아 순식간에 인기 시리즈에 이름을 올렸다.

2021년 3월에 발매된 '레고 비디요'는 레고 블록과 스마트폰 등의

2020년에 발매되어 순식간에 인기 시리즈가 된 '레고 슈퍼마리오'

디지털 기기를 조합하여 뮤직비디오를 만든다는 독특한 콘셉트로 주목을 받았다.

'레고 비디요'는 미국의 레코드 레이블 그룹인 유니버설뮤직그룹과의 컬래버레이션으로 탄생한 시리즈로, 유니버설뮤직에서 제공하는 곡 중에서 임의로 곡을 선택한 뒤 다양한 소리의 블록을 조립하여 전용 스마트폰 앱으로 촬영하면 오리지널 비디오를 만들 수 있다. 완성된 비디오는 전용 온라인 커뮤니티에 게시할 수 있는 등 레고 놀이의 원점인 조립이라는 행위에 새로운 의미를 부여하여 큰 인기를 끌고 있다.

크리스티얀센은 이렇게 이야기했다.

"한때는 비디오 게임과 디지털 제품이 레고의 라이벌이었다. 그러나 지금은 아니다. 지금의 아이들은 현실과 디지털의 경계를 의식하지 않고 놀고 있다. 이러한 시대의 레고 놀이 방법은 어떠한가. 레고 슈퍼마리오와 레고 비디요가 그 선구적인 사례다."

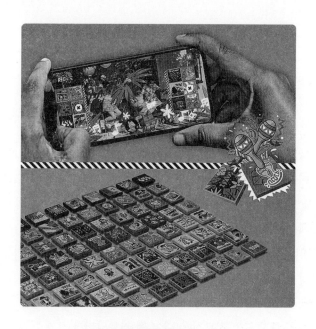

2021년 3월에 발매된 '레고 비디오'.
블록을 사용하여 오리지널 뮤직비디오를 만들 수 있다.

　실적이나 제품의 히트 이상으로 크리스티얀센이 느끼고 있는 것은 무엇보다 레고의 팬이 전 세계에서 늘고 있다는 사실이다. 레고 팬들은 인터넷을 통해 점점 더 활발하게 소통하고 있다.

　하나의 예로 2017년에 시작된 '레고 라이프'를 들 수 있다. 이는 레고를 사랑하는 아이들의 전용 SNS로, 유저는 이곳에서 자신이 만든 레고 작품을 선보일 수 있다. 어린이용이기에 이용하려면 보호자의 인증이 필요하고, 관리자가 업로드된 내용을 하나하나 확인하며, 코멘트는 이모티콘으로만 한정하고 있다.

　철저하고 안전하게 구성한 결과, 보호자들의 신뢰를 얻어 전 세계에 사용자를 보유하게 되었다. 지금은 80개국 900만 명 이상의 어린이가 레고 라이프에서 자신들의 자랑스러운 레고 작품을 선보이고 있으며, 전 세계에서 작품이 게시되는 어린이용 플랫폼으로 성장했다.

한편, 아이들뿐 아니라 성인 레고 팬들의 커뮤니티도 늘고 있다. 세대를 넘어 사랑받는 레고에는 오래전부터 'AFOL^Adult Fan of LEGO'라 불리는 열렬한 성인 팬들의 교류의 장이 존재했다. 코로나19 이후, 이 고조된 분위기에 박차가 가해졌다.

재택근무로 인해 시간적 여유가 생겨 오랜만에 레고를 하게 되었다는 어른이 급증했다. 이러한 분위기를 반영하듯 팬들의 오리지널 작품을 인기투표로 제품화하는 사이트 '레고 아이디어'의 방문자가 코로나19 이전에 비해 50%나 늘었다.

이러한 흐름을 포착한 레고는 2019년 레고의 성인용 팬 커뮤니티를 운영하는 '브릭링크'를 인수하여 폭넓은 세대의 커뮤니티 만들기에 적극적으로 참여하고 있다. 레고는 코로나19라는 암울한 상황에서도 힘을 잃지 않고 히트작을 내어 팬 커뮤니티를 크게 확장시켰다.

크리스티얀센은 이렇게 말했다.

"좋은 성과를 내 무척이나 기쁘다. 그러나 우리는 성과만을 목적으로 사업하지 않는다. 레고는 항상 아이들, 그리고 미래를 위해 존재한다."

위기에서 V자 회복

'강한 레고가 돌아왔다.'

이날 유럽과 미국의 주요 언론은 레고의 호실적을 대대적으로 보도했다. 전 세계 무수한 레고 팬사이트도 여러 기사를 인용하며 창사 이래 최고 이익에 열광했다. 그러나 그 결과에 누구보다 가슴을 쓸어내린 사람은 바로 크리스티얀센이 아니었을까?

2017년 10월 크리스티얀센이 CEO로 취임했을 당시, 레고는 혼란의 중심에 서 있었다. 그러나 2016년 연간 결산까지 파죽지세로 성장을 이어 가던 레고는 2017년 들어 감수감익으로 돌아섰고 그 추세는 연중에도 이어졌다.

레고는 13년 연속 증수증익이 계속되었고, 오랜 기간 세계 유수의 혁신 기업으로 주목받았다. 각종 미디어에서 2000년대 전반 경영 파탄 직전에서 부활한 드라마틱한 스토리를 빈번하게 다루어 비즈니스스쿨의 기업 케이스로 몇 차례나 소개되기도 했다.

그런데 감수감익 전망을 발표하고 성장에 그늘이 보이기 시작한 2017년 이후, 레고에 대한 평가는 급격히 냉소적으로 바뀌었다. 찬사를 이어 가던 언론들은 손바닥을 뒤집은 것처럼 비판적인 논조를 내보냈다. 레고의 수장 인사를 둘러싼 혼란도 있어 '성장 신화는 끝났다'라는 기사 제목이 넘쳐났다.

크리스티얀센은 바로 이러한 시기에 CEO에 취임했다. 그는 취임 초에 레고가 안고 있는 과제의 본질을 정확하게 간파하고 재빠르게 손을 썼다. 구체적인 시행 방안에 대해서는 이후에 더욱 자세히 알아보겠지만, 결론적으로 그는 3년 만에 레고를 성장 궤도로 되돌려 놓는 데 성공했다.

레고는 코로나19의 혼란을 극복하고 기록적인 실적을 낸 덕분에 다시 좋은 평가를 받고 있다. 계산이 빠른 언론들은 크리스티얀센을 '레고의 구세주'라 부르며 찬사를 보냈다. 하지만 정작 그는 냉정함과 침착함을 유지하고 있다.

크리스티얀센은 이렇게 말한 바 있다.

"레고는 오랜 역사 속에서 여러 차례 위기를 경험했고, 그때마다 자사의 가치를 재검토했다. 과거를 되돌아보는 조직은 그리 쉽게 퇴색되지 않는다."

블록의 개발과 제조만 다루어 왔던 레고가 가격 경쟁이나 기술 경쟁에서 패배하는 일 없이 유일무이의 브랜드 파워를 유지하며 세계 제일의 완구 메이커로 계속해서 손꼽히는 이유는 무엇일까? 레고가 오랜 시간을 들여 갈고닦아 온 4가지 전략이 있기 때문이다.

전략 ① 잘하는 일에 집중하기
— 대담하게 좁힌 비즈니스 모델

레고의 첫 번째 전략은 자사의 경쟁력을 명확하게 이해하고 거기에 자원을 집중하는 것이다. 사업을 블록 개발과 제조로 좁힌 점이 바로 이에 해당한다.

레고의 블록은 1980년대 이후 세계 각지에서 특허가 만료되어 지금은 누구나 레고와 같은 블록을 제조할 수 있다. 실제로 오리지널인 레고 블록과 호환이 되는 저가 블록을 제조하는 회사들이 등장해 레고는 한때 범용화의 물결에 잠식되었다. 레고는 이러한 상황을 타개하기 위해 사업을 다각화하여 탈블록화를 맹렬히 추진하기도 했지만 결과적으로 이 개혁은 실패로 끝이 났다.

위기에 몰린 레고는 다시 자사의 강점인 블록의 개발과 제조에 투자를 집중하기로 결정했다. 그리고 이 축을 흔들림 없이 계속 갈고닦아 고효율의 사업 모델을 확립했다. 지금은 영화와 게임 등 다양한 사업을 전개하고 있지만 블록의 개발과 제조 외에는 원칙적으로 라이선스 계약에 의해 제공하고 있다.

레고의 사업 모델은 이렇듯 매우 심플하면서도 높은 이익률을 낸다. 간단히 말해, 잘하는 일이 무엇인지 파악하고 그 분야에 집중하는 경영 체제를 구축한 것이 레고의 첫 번째 전략이다. 이에 대한 자세한 내용은 4장에서 다루도록 하겠다.

전략 ② 계속해서 히트작 내놓기
— 타율을 높이는 제품 개발 구조

레고는 자사의 강점을 이해하고 사업의 범위를 좁혔다. 하지만 그 것만으로는 저렴한 블록을 제조하는 라이벌을 계속해서 이길 수 없 다. 따라서 타사를 능가하는 히트작을 꾸준히 개발할 필요가 있었다.

변하기 쉬운 아이들의 흥미를 정확하게 파악한 제품을 출시하는 것은 결코 쉬운 일이 아니다. 따라서 완구업계는 영화나 음악업계와 마찬가지로 제품의 성공을 예측하기 어렵고, 회사의 실적이 불안정 해지기 쉬운 측면이 있다.

이러한 환경에서 계속해서 성공을 이어 나가려면 어떻게 해야 할 까? 결론부터 말하면 레고는 매년 지속적으로 히트작을 생산하는 구 조를 조직 내에 확립했다. 제품 개발을 한 시즌에 한정된 프로젝트로 끝내지 않고, 지속적으로 새로운 혁신을 낳는 독자적인 제도를 구축 해 성과를 낸다.

그 결과, 레고는 지금도 연간 350개 이상의 신제품을 투입하여 연 간 매출의 50% 이상을 올리고 있다. 이에 대한 자세한 내용은 4장에 서 다루도록 하겠다.

전략 ③ 탄탄한 커뮤니티 활용하기
— 팬의 아이디어를 히트작으로 개발하기

레고의 세 번째 전략은 자사 제품을 사랑하는 팬들의 목소리를 스 마트하게 받아들이는 것이다. 레고는 팬 커뮤니티에서 나온 열성 팬 들의 아이디어를 제품 개발에 적극적으로 반영함으로써 기존에 없 던 혁신적인 제품을 만들어 내고 있다.

제품 개발은 항상 딜레마를 겪는다. 수익을 확보하려면 일정 규모를 판매해야 하므로 과거 히트작 재구성 등 소비자의 공통적인 니즈를 최대한 반영한 제품을 만들게 된다. 타깃을 넓힐수록 제품의 유니크함을 살리기 어려운 탓에 대박이 날 수도 있는 실험적인 제품을 출시하기 어렵다. 하지만 기존 제품을 뛰어넘는 새로운 발상을 개발에 도입하지 않으면 중장기적으로 메이커로서의 에너지가 정체되어 버릴 가능성이 크다.

그래서 레고는 신제품 개발에 특별한 구조를 도입했다. 전 세계에 흩어져 있는 레고 팬들의 아이디어를 제품 개발에 연결하는 '레고 아이디어'라는 플랫폼을 적극적으로 활용하기 시작한 것이다. 레고는 팬이 만든 레고 작품을 모집하고 인기투표를 진행한 뒤 이를 제품으로 출시한다. 이른바 '레고판 크라우드 펀딩'이다.

팬들의 목소리를 반영한 제품 개발은 매우 간단해 보이지만, 실제로 사업으로 성립하기 위해서는 다양한 과제를 해결해야 한다. 레고도 이를 본격적으로 도입해 서비스로 완성하기까지 6년 이상의 시행착오를 거쳐야 했다.

레고 아이디어를 구축하는 과정에서 레고가 재인식한 것은 기업의 강점이 활발한 커뮤니티에 있다는 점이었다. 따라서 레고는 지금도 팬 커뮤니티 활성화를 위해 끊임없이 노력하고 있다. '레고 공인 작가', '레고 앰배서더 네트워크' 등 팬을 승인·칭찬하는 구조와 제도는 물론이고, 레고의 팬임을 자랑스럽게 생각할 수 있게 하는 장치를 다양하게 준비했다. 이에 대한 자세한 내용은 5장에서 다루도록 하겠다.

전략 ④ 명확한 존재 의의 세우기
— 기업의 '축'을 사내외로 계속 전파하기

레고의 네 번째 전략은 '자신들은 무엇을 위해 존재하고 있는가'라는 기업의 존재 의의를 명확하게 전파하는 것이다. 레고는 미션, 비전, 가치 등 여러 행동 규범을 '레고 브랜드 프레임워크'로 정의해 기업이 추진해야 할 방침으로 명확하게 내세우고 있다. 예를 들어, 레고가 2010년대 이후 한층 더 힘을 쏟고 있는 지속가능성에 대한 전략도 미션으로 내걸고 있는 'Inspire and develop the builders of tomorrow(영감을 주며 미래의 주역을 육성한다)'에 따른 것이다.

미래의 주역들에게 지속적으로 가치를 제공하기 위해서는 지속가능성이라는 개념을 경영에 반영하여 환경, 직장의 다양성, 일하는 보람, 임직원의 웰빙 등 제도를 다양한 시각으로 재검토해 나갈 필요가 있다. 재생에너지 이용 촉진, 온실가스 배출 감축, 나아가 핵심 제품인 블록의 원재료 재검토까지 레고가 내세우는 모든 시책은 브랜드 프레임워크를 따르고 있다.

이러한 회사의 존재 의의는 'Purpose(퍼포스)'라는 말로 널리 알려지게 되었다. 기업의 지향점을 명확하게 함으로써 이에 동감하는 사원들이 점점 더 많아지고 있다.

크리스티얀센은 이렇게 이야기했다.

"목표는 임직원들이 Purpose에 공감하고 오너십을 가지고 일할 수 있는 직장을 만드는 것이다. 앞으로의 시대에 우수한 인재를 채용하기 위해서는 Purpose, 즉 존재 의의가 명확한 경영이 중요시될 것이다."

물론 그러한 회사의 존재 의의를 사내외에 알기 쉽게 전달할 수 있는 경영 수장의 수완도 요구된다. 이에 대한 자세한 내용은 8장에서 다루도록 하겠다.

계속해서 가치를 창출하기 위한 4가지 조건

① 자신의 강점을 이해하는 것
② 계속해서 성과를 내는 구조를 만드는 것
③ 커뮤니티를 육성하고 연결을 강화하는 것
④ 존재 의의를 명확하게 드러내는 것

레고가 범용화 위기를 극복하기 위해 사용한 4가지 전략은 비슷한 환경에 놓인 다른 기업에도 통한다는 점에서 지극히 본질적이라고 할 수 있다. 게다가 범용화라는 점에서는 현재 AI의 대두로 요구되고 있는 인간의 가치를 고찰하는 조건이 될 수도 있다. 그런 관점에서도 레고의 존재는 매우 시사적이다. 그렇다면 레고가 어떻게 '인간의 가치'를 높이는 데 도움이 되는 걸까? 자세한 내용은 6장과 7장을 참고하기 바란다.

물론 레고도 이러한 답에 바로 도달한 것은 아니다. 과거를 돌이켜보면 본인들의 강점에 교만해져 경쟁 환경의 변화를 눈치채지 못해 심각한 경영 위기에 빠진 시기도 있었다. 어린이 팬들이 떠나가도 여전히 자신들은 어린이들을 잘 안다고 과신했고, 결국 위기에 직면했다. 레고는 뒤늦게 이변을 깨닫고 외부에서 경영 재건 전문가를 초빙했지만 결국 실패했다. 그 결과, 2000년대 초반에 말 그대로 파탄 직전까지 몰렸다.

레고의 힘은 이러한 위기를 극복하는 과정에서 연마되었다. 레고가 도달한 탈범용화 경영, 그 본질은 가격 경쟁에도, 기술 경쟁에도 지지 않고 유일무이한 브랜드를 구축해 나가는 길이었다고 표현할 수 있다.

　그렇다면 그들은 거기에 어떻게 도달했을까? 이를 이해하려면 우선 레고가 처음 직면한 경영 위기부터 이야기를 시작할 필요가 있다. 시곗바늘은 지금으로부터 약 20년 전으로 거슬러 올라간다.

THE LEGO STORY

1990년대 아이들의 압도적인 지지를 받아 온 레고에 이변이 일어났다.

2장

아무도 레고를
가지고 놀지 않는다

2003년 말, 켈 키르크 크리스티얀센Kjeld Kirk Kristiansen은 덴마크 빌룬에 있는 레고 본사의 한 회의실에서 은행 대출 담당 관계자들에게 둘러싸여 있었다. 켈 키르크는 레고 창업자인 올레 키르크 크리스티얀센의 손자로, 1979년부터 2004년까지 25년간 레고 CEO를 지낸 인물이다. 그는 레고그룹의 얼굴이라 할 수 있는 존재이며, 70세를 넘긴 지금도 열정적으로 사업 활동을 하고 있다.

 2003년 켈 키르크의 나이는 55세였다. 그 당시 레고는 최악의 경영 상태에 빠져 있었다.

 "차입금 상환은 언제쯤 가능한가요?"

 켈 키르크는 대출 담당자들에게 이런 질문을 받으며 궁지에 몰려 있었다. 그해 레고는 적자 결산에 빠질 것이 분명했다. 많은 부채를 떠안았기에 자기자본비율이 대폭 하락할 것은 불을 보듯 뻔했다. 누구보다 아이들을 이해하고 있다는 자신감과 반짝거림은 완전히 상실되어 있었다.

 '왜 이렇게 되어 버린 거지?'

 켈 키르크는 팔리지 않는 재고와 거액의 빚을 앞에 두고 스스로에게 물을 수밖에 없었다.

목재 장난감으로 시작된 레고의 역사

레고의 역사는 유럽 경제의 변화와 늘 함께했다. 1932년 레고는 완구 메이커로서의 길을 걷기 시작했다. 다만, 창업 경위는 결코 긍정적이지 않았다.

켈 키르크의 할아버지이자 레고의 창시자인 올레 키르크는 유능한 가구 장인의 아들로 자랐다. 1916년 올레 키르크는 가업을 이어받아 목공 가구를 만드는 공방을 시작했고, 이후 가구 장인으로서 생계를 이어 나가다 1929년에 인생의 큰 전환기를 맞았다. 세계 대공황의 여파가 일가족을 강타한 것이다.

미국발 금융위기는 유럽에도 지대한 영향을 미쳤고, 덴마크 역시 그러한 상황을 피해 가지 못했다. 경기 침체가 덴마크 국민의 가계를 강타하면서 가구 수요가 급감했고, 그 여파로 올레 키르크의 회사는 도산 직전까지 몰렸다.

하지만 올레 키르크는 아내를 잃고 아이들을 책임져야 했기에 비탄에 잠길 새도 없이 가구 제작을 대체할 사업을 필사적으로 찾아야만 했다. 그렇게 새롭게 결심하고 시작한 것이 바로 어린이용 완구 개발이었다. 그는 가구 장인의 경험을 최대한 살려 우선 목재 완구를 중점적으로 제작하기 시작했다.

'아이들에게도 어른과 같은 품질의 제품을 제공해야 한다.'

이것이 바로 올레 키르크의 지론이었다. 그는 비록 완구일지라도 높은 완성도에 집착했다. 오리, 곰, 트랙터, 소방차 등 그가 제작한 목공 완구는 세세한 부분까지 철저하게 만들어졌다. 또한 내구성을 중요하게 여겨 쉽게 깨지지 않도록 했다. 겉모습이 실감 나고, 떨어뜨려도, 두드려도 잘 깨지지 않으면 부모가 안심하고 선택할 것이라 생각했다.

1934년 올레 키르크는 자신의 완구 회사 이름을 'LEGO(레고)'라고 지었다. 레고는 덴마크어로 'Led God', 즉 '잘 놀아라'라는 뜻이다. 그는 이후에 우연히 레고가 라틴어로 '나는 조립한다'를 뜻한다는 것을 알게 되었다.

올레 키르크의 가치관과 고집에도 불구하고 레고는 아이들에게 좋은 반응을 얻지 못해 몇 년간 성과 없는 시기를 보냈다. 그 와중에 공방에서 화재가 발생하는 등 좋지 않은 일들이 종종 발생했다. 하지만 완구 사업을 잃으면 더 이상 물러설 데가 없었다. 올레 키르크는 포기하지 않고 완구 만들기를 계속해 나갔다.

1939년 간신히 사업을 이어 가던 올레 키르크에게 기회가 찾아왔다. 제2차 세계대전 발발로 유럽에서 큰 점유율을 차지하고 있던 독일의 대형 완구업체들이 줄줄이 사업을 중단한 것이다. 전쟁 중에도 군 복무를 하는 남자들은 고향의 자녀들을 위해 장난감을 샀다. 그래서 완구에 대한 니즈는 항상 있었다.

레고는 독일 완구업체를 대신해 이 같은 수요를 끌어들여 급성장했다. 전쟁이 끝난 뒤에도 완구 주문이 꾸준히 들어오면서 레고의 목재 장난감 사업은 궤도에 오르기 시작했다.

그리고 1947년 현재 레고의 근간이 되는 사업이 시작되었다. 올레 키르크의 아들 고트프레드 키르크 크리스티얀센Godtfred Kirk Christiansen이 영국에서 플라스틱 사출 성형기를 수입했다. 당시 유행하던 플라스틱 완구 개발을 시작하기 위함이었다.

자유로운 놀이가 가능한 블록

고트프레드 키르크와 관계자들은 플라스틱의 신기술로 기존에 없던 정교한 완구를 만들 수 있게 되었다. 그들은 자동차와 트럭, 동물 등 다양한 플라스틱제 완구를 만들어 냈다. 그리고 이윽고 레고 블록의 원형이라 할 수 있는 플라스틱 블록 개발이 시작되었다. 당초 레고가 생각했던 블록의 콘셉트는 집짓기 놀이처럼 블록을 쌓아 아이들이 자신의 스타일대로 건물이나 탈것을 만드는 것이었다.

대부분의 완구는 사전에 놀이 방법이 정해져 있다. 각 회사는 완구에 설명서를 동봉하여 아이들에게 만드는 방법을 지시하고, 아이들도 기본적으로 그에 따라 놀이를 진행한다. 하지만 블록은 다르다. 반드시 설명서를 따르지 않아도 된다. 블록은 조립하는 방법에 따라 무엇이든 원하는 대로 만들 수 있다. 다시 말해, 블록을 가지고 노는 아이들은 스스로 놀이 방법을 생각할 수 있다.

초기 블록은 당시 제조하고 있던 200종류 이상의 플라스틱 장난감의 일부에 불과했지만, 크리스티얀센 부자는 플라스틱 블록 장난감 개발에 점점 더 기대를 걸었다. 블록의 자유로운 놀이 방법은 기존 장난감과 결정적인 차이가 있었다. '잘 제작하면 기존에 없던 획기적인 완구가 될지도 모른다'라는 생각에 두 사람은 큰 가능성을 발견하고 흥분했다.

1949년 시행착오 끝에 첫 블록 완구가 완성되었다. 하지만 예상과 달리 아이들의 반응은 신통치 않았다. 아이들은 블록을 어떻게 가지고 놀아야 하는지 알지 못했다. 잠시 만져 보긴 했지만 이내 흥미를 잃고 말았다.

블록이 아이들의 마음을 사로잡지 못한 데는 몇 가지 이유가 있었다. 초기 블록은 지금처럼 블록끼리 딱 끼워지는 '클러치 구조'가 아니었다. 블록을 단순히 쌓는 것밖에 할 수 없어 금방 무너져 내렸다. 제품명도 '오토매틱 바인딩 브릭스Automatic Binding Bricks'로, 이미지가 잘 떠오르지 않는 다소 딱딱한 명칭이었다.

그럼에도 크리스티얀센 부자는 새로운 콘셉트를 긍정적인 시각으로 바라보았다.

"모든 블록이 다른 블록들과 연결된다면 어떨까? 그 수가 늘어날수록 조립 가능성이 넓어질 것이다. 이것이야말로 창의력을 자극하고 창조 의욕을 높여 만들기의 기쁨을 주는 완구다!"

고트프레드 키르크는 이와 같이 말하며 포기하지 않고 개량을 거듭해 나갔다. 그리고 고생 끝에 1958년 클러치 구조를 완성했다. 블록 아래쪽에 튜브를 달아 아래에 오는 블록 윗면의 튀어나온 부분을 연결시키는 '스터드 앤 튜브 연결' 구조를 만들어 낸 것이다. 그 결과, 블록의 강도와 자유도가 현저하게 높아져 제품력이 크게 향상되었다.

1953년에는 제품명을 보다 쉽게 '레고 블록'으로 바꾸었고, 마침내 아이들이 관심을 보이기 시작했다. 아이들은 레고를 가지고 놀기 시작하면 놀라울 정도로 열중했다.

레고 블록의 2가지 매력

당시 크리스티얀센 부자는 레고 블록에 2가지 매력이 있다고 생각했다. 이는 지금까지도 이어지는 레고의 본질적인 가치이다.

우선 첫 번째 매력은 견고함과 호환성이다. 레고는 밟아도 쉽게 깨지지 않고, 아이가 깨물어도 쉽게 상처가 나지 않는다. 그리고 1958년에 제조된 블록이 2021년에 만들어진 블록에도 딱 맞는다. 몇 대에 걸쳐 물려받아 놀 수 있는 지구력 높은 완구라 할 수 있다.

또 한 가지 매력은 놀이 방법의 가능성을 무한히 펼칠 수 있다는 점이다. 판매되고 있는 레고 블록은 놀이기구나 마을 같은 세트를 제시하지만, 그것은 만드는 방법의 한 예일 뿐이다. 아이들은 자기만의 상상력으로 상자에 인쇄된 작품과 다른 놀이기구나 마을을 자신이 원하는 크기로 만들 수 있다. 스스로 노는 방법을 생각할 수 있는 자유도가 있는 것이다.

레고는 이 2가지 매력을 무기로 현실에 있는 다양한 장면을 테마로 삼아 시리즈를 만들어 나갔다. 예를 들어, 초기에 히트한 시리즈 중 하나는 덴마크 농가의 풍경이었다. 부모가 타던 트랙터를 동경하던 아이들은 레고 세계에서 정신없이 놀았다. 트랙터 시리즈는 출시 1년 6개월 만에 10만 세트가 판매되며 수익에 크게 기여했다.

한편 화재로 인해 목재 완구 제작 공장이 불에 타는 사고를 겪은 레고는 1960년에 들어서면서부터 플라스틱 블록의 개발·제조에만 집중했다. 1963년에는 블록의 원료를 셀룰로스아세테이트에서 ABS(아크릴로나이트릴·부타디엔·스티렌)로 전환해 지금과 거의 동일한 품질의 블록을 완성시켰다.

레고가 유럽에서 결정적으로 인기를 끈 것은 1966년부터였다. 배터리를 내장한 '레고 트레인' 시리즈가 독일에서 크게 히트를 쳤다. 트레인 시리즈는 현재 인기 시리즈인 '레고 시티'의 근간이 되는 테마다. 레고는 이 히트로 가장 큰 시장이었던 독일에서 부동의 인기를 자랑하게 되었다. 레고는 이후 유럽의 다른 시장으로도 확산되면서 아이들의 대표적 완구로서의 입지를 다져 나갔다.

'플레이 테마'라는 세계관을 팔다

1979년 고트프레드 키르크의 아들이자 창업 3세인 켈 키르크가 CEO 자리를 물려받을 무렵, 레고는 모든 연령층이 즐길 수 있는 조립 완구가 되는 것을 목표로 삼았다.

이를 위해 레고는 제품군을 다양화했다. 1969년에는 4세 이하 유아를 위해 블록 크기를 8배로 키운 '레고 듀플로'를 출시했고, 1977년에는 상급자용 '레고 테크닉' 시리즈를 출시했다.

1980년대 들어 제품군은 더욱 늘어났다. 성 시리즈, 우주 시리즈 등 플레이 테마(놀이 테마)라 불리는 다양한 세계를 차례차례 블록으로 재현하여 아이들을 매료시켰다.

레고는 미국에서도 큰 호응을 얻었다. 레고는 1961년에 미국에 진출했고, 지금도 미국은 레고의 전략 시장 중 하나다. 일본에는 1962년에 진출해 교육 완구로서 서서히 인지도를 높여 갔다. 레고는 유럽에서 미국, 아시아로 사업을 급속히 확장해 나갔고, 마침내 1966년에는 세계 42개국에서 제품을 판매하게 되었다.

다양한 레고 블록 시리즈의 세계관, 그리고 조립할 때마다 딱 끼워지는 클러치 구조를 갖춘 정교한 제품! 그 당시 레고 블록의 강점을 따라갈 경쟁자는 그 어디에도 존재하지 않았다. 정신을 차리고 보니 레고는 유일무이한 블록 완구 메이커가 되어 있었다.

수익의 원천인 레고의 클러치 구조는 1958년에 출원한 특허가 세계 30개국 이상에서 등록되었고, 굳건히 지켜져 왔다. 그럼에도 불구하고 레고 블록을 모방한 유사 제품은 끊이지 않고 출시되었다. 레고는 그때마다 철저하게 소송을 벌여 승리를 거두었다. 지식재산을 지키기 위해서는 그에 상응하는 비용이 필요했지만 레고의 성장 속도는 수많은 소송 비용을 가볍게 부담할 수 있을 정도로 빨랐다.

레고는 1980년대에 접어들면서 세계적인 브랜드로 인식되기 시작했다. 단순한 완구가 아닌 영유아 발달을 촉진하는 베이비 시리즈, 학교 교재용 세트, 컴퓨터와 연계할 수 있는 제품 등을 개발하여 기술과 교육 분야로도 영역을 넓혔다.

냉정하게 보면 레고는 단순한 플라스틱 블록에 불과한데, 가격은 결코 싸지 않다. 그래도 전 세계 부모들은 '다소 비싸도 어쩔 수 없다'라는 인식을 가지고 있었다. 이것이 바로 레고가 만든 브랜드 파워였다. 크리스티얀센 부자가 찾아낸 레고 블록의 가치는 이 무렵 절정을 이루었다.

특허 만료로 직면한 위기

그런데 1980년대 후반부터 레고의 경영 환경에 먹구름이 드리워지기 시작했다. 새로운 경쟁자들이 속속 등장하면서 레고와 동등한 가치를 갖추게 된 것이다. 범용화의 물결이 레고를 삼키려 하고 있었다.

가장 큰 원인은 특허 만료였다. 클러치 구조 특허를 취득한 지 20년 이상 지나면서 세계 각국에서 특허 기한이 만료되었다. 전 세계 완구업체들은 기다렸다는 듯이 레고와 비슷한 블록을 제조하기 시작했다. 미국의 타이코 토이Tyco Toys(현 '마텔'), 캐나다의 메가 블록Mega Bloks(현 '마텔') 등 레고를 모방한 블록들이 속속 등장했다.

경쟁 제품 중에는 오리지널인 레고 블록과 조합해서 놀 수 있다는 호환성을 내세운 것도 적지 않았다. 레고의 인기에 편승하기 위해 성수기에는 10개 이상의 장난감 제조업체가 레고 블록 복제품을 시장에 내놓았다. 브랜드 파워에 절대적인 자신감을 가지고 있던 레고는 초반에는 경쟁사 유사 제품의 영향이 미미하다고 생각했다. 그러나 얼마 지나지 않아 그 생각이 잘못되었다는 사실을 깨달았다.

무엇보다 영향이 컸던 것은 가격이었다. 경쟁 제품의 평균 가격은 레고 블록보다 20~30% 정도 저렴했다. 평소 레고가 너무 비싸다고 생각했던 소비자 중 상당수가 경쟁 제품으로 흘러갔다. 이윽고 경쟁업체들도 레고와 비슷한 테마의 제품을 출시하기 시작했고, 레고의 점유율은 점차 줄어들었다. 저렴한 블록 완구업체들의 진출은 계속되었고, 경쟁사들이 내놓는 블록 완구의 가격은 점점 더 저렴해졌다. 이에 끌려가듯 레고의 수익성도 떨어졌다.

비디오 게임에 아이들을 빼앗기다

특허 만료와 동시에 완구업계에 새로운 경쟁자가 등장했다. 닌텐도가 1983년에 출시한 '패밀리컴퓨터'가 완구계를 위협하는 존재로 급부상했다. 그 당시에도 PC 등으로 놀 수 있는 게임기가 존재했지만 닌텐도의 패미컴은 다루기 쉽고 소프트한 매력이 압도적으로 뛰어났다. 패미컴은 엄청난 인기를 얻었고, 아이들은 TV로 놀 수 있는 게임에 열광했다.

1989년에는 휴대형 게임기 '게임보이'가 등장했다. 그로 인해 아이들은 집 밖에서도 게임을 하며 놀 수 있게 되었다.

1994년 소니 컴퓨터 엔터테인먼트(현 '소니 인터랙티브 엔터테인먼트')는 성장하는 마켓을 잡기 위해 '플레이스테이션'을 출시했고, 미국 마이크로소프트는 2001년에 전용 게임기 'Xbox'를 내놓았다. 그렇게 게임은 거대 시장으로 변모해 갔다.

변화에 뒤처진 레고

비디오 게임은 순식간에 온갖 장난감을 밀어내고 완구의 왕이 되었다. 그 매력에 레고도 속수무책이었다. 게임에 비하면 블록 놀이는 자극이 부족해 아이들의 눈에는 오히려 지루한 완구로 비쳤다. 어느새 레고는 시대에 뒤떨어진 장난감으로 낙인찍혔고, 아이들은 빠르게 흥미를 잃어 갔다. 레고를 졸업하는 평균 연령도 낮아져 매출이 저조해졌다.

"이제 블록만으로는 아이들의 관심을 끌 수 없다. 빨리 대책을 세워야 한다."

1990년대 레고의 임원들은 경영 컨설팅 회사로부터 여러 차례 이러한 지적을 받았다. 물론 경영 환경 변화는 켈 키르크를 비롯한 레고의 임원들도 눈치채고 있었다. 비디오 게임이라는 거대한 경쟁자가 등장하고, 심지어 레고의 강점을 지켜 주던 특허도 잇달아 만료되면서 범용화의 거센 물결이 덮쳐 오고 있었다. 그러나 이에 대응하는 레고의 움직임은 느리기만 했다.

당시 레고의 직원이었던 한 사람은 이렇게 회상했다.

"성공했던 기간이 너무 길었다. 경쟁 환경이 바뀌고 있는데 직원들은 여전히 레고가 아이들을 가장 잘 이해하고 있다고 과신했다."

그는 특히 변화를 받아들이지 않고 완강한 자세를 하던 이들은 제품 개발의 중추를 담당하는 디자이너들이었다고 이야기했다. 당시 레고에는 100명 이상의 디자이너가 근무하고 있었다. 그들은 각자 소재 및 컬러의 견본 거래처를 가지고 있었으며, 단 몇 그램이면 충분한 특수 컬러를 조달하기 위해 몇 톤이나 되는 수지를 구입하기도 했다. 하지만 디자이너가 개발에 들이는 비용은 성역으로 간주되어 감히 누구도 터치하지 못했다. 디자이너들은 1980년대까지 레고의 약진을 뒷받침했지만 그 성공 경험이 거꾸로 변화의 발목을 잡고 말았다.

뿐만 아니었다. 정신을 차리고 보니 레고의 판매 채널도 시대에 뒤떨어져 있었다. 레고는 마을의 장난감 가게 같은 영세 소매점에서 판매되는 경우가 많았는데, 선진국에서는 경제 발전과 함께 매장의 주역이 교체되고 있었다. 1980년대에 들어서면서부터 대부분의 완구 판매는 거대한 면적을 가진 대형마트가 담당했다.

경쟁 완구업체들은 이러한 변화에 대응하기 위해 정보화와 물류망 등의 쇄신을 추진했다. 하지만 레고는 공급망 재검토 등에 거의 손을 대지 않았다. 분명 레고를 둘러싼 환경이 급변하고 있었지만, 레고 직원들은 좀처럼 눈앞에 닥칠 현실을 받아들이지 않았다.

창사 이래 첫 적자

'새로운 완구가 등장해도 결국에는 질려서 레고로 돌아올 거야.'

대부분의 레고 직원들은 여전히 자신들이 아이들을 가장 잘 이해하고 있다고 믿었다. 모두가 막연한 불안감을 안고 있으면서도 그것을 직시하기를 거부하고 그저 하던 일을 지속해 나갔다. 경영진 역시 근본적인 개혁을 단행하는 결단을 미루고 있었다.

그러나 상황은 나빠지기만 했다. 한 레고 직원은 당시 자신의 아이들이 학교에서 귀가하면 블록은 쳐다보지도 않고 곧장 비디오 게임을 찾는다는 사실을 차마 회사에 털어놓지 못했다고 이야기했다.

"모두 이대로는 안 된다고 생각했지만, 상황을 바꿀 수 있는 분위기가 아니었다."

시장에서 압도적인 점유율을 자랑하는 기업이라 해도 새로운 변화를 놓치면 결국 시장에서 밀려나고 만다. 하버드대학교 교수 클레이튼 크리스텐슨Clayton Christensen이 지적한 이노베이션 딜레마가 레고를 강타하고 있었다.

1988년에는 이익의 원천이었던 블록 제조 특허가 모든 나라에서 만료되었다. 경쟁업체들이 속속 뛰어들면서 블록의 범용화는 더욱더 명백해졌다. 그 결과, 1993년 15년간 지속된 매출액의 두 자릿수 성장이 멈추고 말았다. 레고는 시대에서 점점 밀려나고 있었다.

궁지에 몰린 켈 키르크는 어려움에 항거하듯 레고 제품의 급격한 확대 전략을 밀어붙였다. 1994년부터 1998년까지 연간 제품 수를 3배로 늘리고, 매년 평균 5개의 새로운 시리즈를 투입했다. '레고 벨빌', '레고 웨스턴', '레고 타임 크루저' 등. 하지만 아이들은 돌아오지 않았다. 당시 5년간 늘어난 영업이익은 단 5%에 불과했다.

레고의 경쟁력과 브랜드 파워가 상실되고 있는 것은 더 이상 의심의 여지가 없는 사실이었다. 15년 넘게 레고를 이끌던 켈 키르크도 아이들이 레고에서 이탈하는 상황을 인정할 수밖에 없었다. 그리고 1998년 레고는 창사 이래 첫 적자를 기록했다. 켈 키르크는 경영 체제 쇄신을 결단할 수밖에 없는 상황에 몰렸다.

THE LEGO STORY

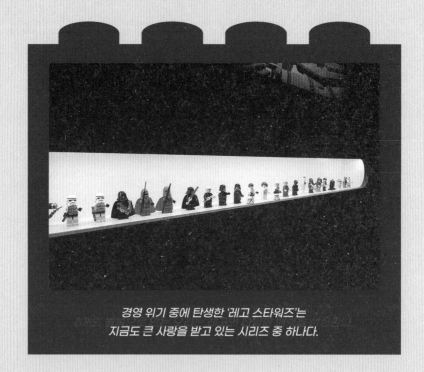

경영 위기 중에 탄생한 '레고 스타워즈'는
지금도 큰 사랑을 받고 있는 시리즈 중 하나다.

3장

'레고 스타워즈'의
빛과 그림자

내부 승격자와 외부 인재. 기업이 영속하려면 후계 경영자는 어떤 방법으로 선발해야 할까? 세계적인 경제학자 짐 콜린스^{Jim Collins}는 이 물음에 내부 승격이 바람직하다고 이야기했다.

가장 큰 난제, 후계자 지명

　콜린스는 자신의 저서 《좋은 기업을 넘어 위대한 기업으로》에 이렇게 언급했다.

　'기업의 쇄신을 위해 외부에서 지도자를 들여 사내 대개혁을 실시할 필요가 있다는 견해는 근거가 없다. 오히려 유명한 변혁의 지도자 초빙은 탁월한 업적으로의 도약 및 지속과 역상관관계에 있다.'

　그리고 다음과 같이 설명했다.

　'외부 지도자보다 내부 승격자가 축적한 정보량이 압도적으로 많기 때문이다. 사업 환경은 물론 전략부터 사내 인맥 등 외부에서 초빙한 경영자와는 비교가 안 될 정도로 풍부하다. 사업과 제품군이 다양한 대기업일수록 그 경향이 강하다.'

　위대한 기업이 되려면 사내 인재 육성을 게을리하지 말고, 사내 비전에 맞게 최적의 인재를 조직에 보유하고 있어야 한다는 주장이다.

　한편 외부 인재가 경영을 승계하고 성공한 케이스도 있다. 대표적인 사례가 이나모리 가즈오다. 그는 2010년 거액의 빚더미에 올라 경영 파탄에 이른 일본항공JAL을 회생시킨 교세라의 창업자다. 당시 그는 불과 몇 명의 스태프만 거느리고 회장에 취임해 약 3년 만에 JAL을 재건했다. 그의 생각은 콜린스와 전혀 다르다. 일본 경제지 〈닛케이 비즈니스〉에 실린 회고에서 그의 생각을 엿볼 수 있다.

'외부에서 초빙된 경영자는 그 회사 고유의 가치관에 끌려가지 않는다. 특히 그 기업 문화가 경영에 부정적인 영향을 미치고 있을 때 그것을 끊는 역할을 할 수 있다. 안에 있는 사람들이 깨닫지 못하는 문제도 더욱 빨리 파악할 수 있다.'

모든 사업을 속속들이 알고 있는 내부 승격자가 정확하게 실태를 파악하고 적합한 전략을 세워 사업 승계를 성사시키기도 하고, 반대로 사업의 연속성을 존중한 나머지 과감한 조치를 취하지 못해 실패하기도 한다.

내부 승격인가, 외부 초빙인가

여기서 도출할 수 있는 결론은 결국 사업 승계란 결과가 전부라는 것이다. 콜린스가 뛰어난 경영자를 육성하는 조직으로 칭송한 미국의 제너럴일렉트릭GE 이야기를 잠시 해야겠다. '크로톤빌Crotonville'로 알려진 GE의 엄격한 리더 육성 프로그램은 전 세계 인사 관계자들의 이목을 집중시켰고, 잭 웰치Jack Welch, 제프리 이멜트Jeffrey Immelt 등 희대의 경영인을 배출했다.

한때는 많은 기업이 GE식 리더 육성을 본보기로 삼아 GE가 채택한 경영관리법 '식스 시그마'나 사내 대학 등의 제도를 도입했다. 그런데 2017년 들어 GE는 경영 부진에 빠졌고, 같은 해에 CEO 자리를 물려받은 존 플래너리John Flannery는 약 1년 만에 사임을 하고 말았다.

지금은 미국 산업기기 대기업인 다나허^{Danaher}의 CEO였던 로렌스 컬
프^{Lawrence Culp}가 GE를 위해 열심히 달리고 있다.

유니클로를 세계적인 브랜드로 키워 낸 패스트리테일링 회장 야
나이 타다시는 과거 일본 경제지 〈니혼게이자이〉와의 인터뷰에서
후계자상에 대해 이렇게 이야기했다.

"사내 사람이 아니면 안 됩니다. 모두의 지지를 얻지 못하기 때문
이죠. 지지받는 리더라는 건 호불호가 아닙니다. '이 사람 말이라면
들어야 한다'라는 생각이 만들어져야 하죠. 그러기 위해서는 부하 직
원에게 구체적이고 정확하게 지시를 내려야 합니다. 경영은 추상적
인 개념이나 방침으로는 돌아가지 않습니다. 구체성, 개별성이 없으
면 안 됩니다."

그러나 이러한 야나이조차 과거 사내와 외부에서 두 차례 후계자
를 지명했지만 결과가 좋지 않아 지금도 본인이 수장직을 맡고 있다.
야나이의 동지인 손정의 소프트뱅크그룹 회장도 2015년 구글 간부
출신 인도인 니케시 아로라^{Nikesh Arora}를 후계자로 지명했다가 약 1년
만에 이를 철회했다. 그는 지금도 수장직에 머물고 있어 후계자 문제
는 소프트뱅크의 큰 과제로 남아 있다.

아무리 유능한 경영자라 해도 후계자 지명은 결코 쉽지 않다. 경
영 위기에 빠진 레고 또한 이 난제로 고생을 해야만 했다.

사내에 공유되지 않는 위기

다시 1998년으로 거슬러 올라가자. 켈 키르크 크리스티얀센은 더
이상 물러설 곳이 없었다. 오랜 세월 CEO를 지내며 덴마크발 레고를
세계적 브랜드로 성장시킨 경영 수완도 눈앞에 닥친 환경 변화의 물

결을 감당하지 못했다. 연이어 내놓은 전략은 번번이 실패했고, 빛이 나던 레고 브랜드는 급속히 퇴색되었다.

문제는 켈 키르크의 위기의식이 현장까지 전달되지 않았다는 데 있었다. 레고에 몸담았던 한 직원은 이렇게 회상했다.

"20년 이상에 걸친 긴 성공 경험이 레고라는 조직을 둔하게 만들었다. 위기가 닥쳤는데도 분위기는 상당히 느긋했다."

상당수의 직원이 레고의 영광을 믿어 의심치 않았고, 변함없는 일상이 영원히 지속될 것이라고 믿었다고 한다. 하지만 1998년 가을, 레고는 창사 이래 첫 적자를 기록할 것이 분명했다.

같은 해 10월, 켈 키르크는 마침내 결심을 했다. 그는 외부에서 새로운 지도자를 초빙하겠다고 발표했다. 바로 폴 플로먼Paul Plowman이었다. 그는 당시 경영 부진에 빠진 덴마크 고급 음향기기 제조업체 뱅앤올룹슨Bang&Olufsen을 살린 경영자로 잘 알려져 있었다.

재건 전문가 초빙

뱅앤올룹슨은 독창적인 디자인을 가진 고급 브랜드로, 세계적으로 매우 유명하며 마니아층이 적지 않다. 라디오에 매료된 기업가 페테르 뱅Peter Bang과 그의 친구 스벤 올룹슨Svend Olufsen이 1925년에 창업했다. 음향기기 및 주변기기 개발에 특화하여 1939년에 라디오를 개발했고, 음향기기 제조업체로서의 길을 본격적으로 걷기 시작했다.

그들은 제2차 세계대전을 헤쳐 나가면서 자콥 젠슨Jacob Jensen 등 저명한 외부 디자이너들을 기용해 독자적인 디자인 개발 기법을 구축했다. 독특한 콘셉트는 오디오 팬과 디자이너의 사랑을 받으며 마니아층을 두텁게 형성했다.

그러나 1990년대 들어 뱅앤올룹슨은 경영에 난항을 겪기 시작했다. 그 이유를 단적으로 말하자면 제품과 고객의 요구 사이에 차이가 생겼기 때문이다. 그들은 디자인을 지나치게 중시한 결과, 기능성이 뛰어난 일본산 오디오 기기에 점유율을 빼앗겼다. 강점이었던 뱅앤올룹슨만의 세계관은 이윽고 독선적이라는 비판을 받게 되었고, 팬들은 하나둘 떠나갔다.

뱅앤올룹슨의 COO(최고집행책임자)에 취임한 플로먼은 그러한 상황을 바꾸는 데 성공했다. 조직을 합리화하고 사업의 선택과 집중을 추진했으며, 뱅앤올룹슨 본연의 강점인 디자인 개발에 자원을 재투입했다. 그 결과, 기업은 얼마 지나지 않아 생기를 되찾았다.

덴마크에서 태어난 뱅앤올룹슨은 레고와 히스토리도, 기업 문화도 비슷하다. 부진 요인도 비슷해 많은 사람이 전통 있는 브랜드를 부활시킨 플로먼이야말로 레고 재건에 적합한 리더가 될 것이라고 생각했다. 덴마크 현지 신문들은 '기적을 일으키는 남자가 왔다'라고 보도했고, 켈 키르크도 그의 활약을 기대했다.

플로먼은 외관상으로도 정신적으로도 에너지가 넘치고 터프한 남자였다. 매일 자택이 있는 파리에서 레고 본사가 있는 빌룬까지 약 2시간을 들여 비행기로 출퇴근을 했고, 끊임없이 미팅을 진행했다.

한 레고 직원은 그를 이렇게 회상했다.

"그는 두뇌가 명석했다. 논리적으로 생각하며 차례로 의사결정을 내렸다. 강한 리더십을 발휘하는 전형적인 인물이었다."

형식적으로 CEO는 켈 키르크였지만, 실질적인 경영은 COO인 플로먼이 맡았다.

블록의 가치는 바람 앞의 등불

플로먼은 취임 직후 곧바로 현 상황에 대한 보고를 받기 시작했다. 각 현장을 적극적으로 살펴본 그는 이내 레고가 왜 그러한 상황에 처한 건지 원인을 파악했다.

'레고 브랜드는 지금도 강력하다. 자녀뿐 아니라 부모와 어른들에게도 절대적인 신뢰를 얻고 있다. 하지만 레고의 경쟁의 원천인 블록 사업은 이제 바람 앞의 등불이다. 그것을 많은 직원이 자각하지 못하고 있다.'

레고 내부의 모습을 더욱 깊숙이 들여다볼수록 플로먼의 눈에는 블록 개발·제조라는 사업은 유통기한이 다 되어가는 것처럼 보였다. 하지만 직원들은 그러한 현실을 외면하고 있었다.

'기세를 잃은 사업을 살리는 것은 매우 어렵다. 그보다는 여전히 강력한 레고 브랜드를 활용하여 새로운 사업을 시작해야 한다.'

플로먼은 레고가 블록을 대체할 새로운 가치를 소비자들에게 어필할 필요가 있다고 결론 내렸다.

'블록 사업은 어려운 상황에 처해 있다. 하지만 레고의 브랜드 파워는 지금도 건재하다. 그렇다면 이것을 돌파구로 새로운 레고 비즈니스를 만들어 나가자.'

이것이 플로먼의 생각이었다. 플로먼은 사내에 지시를 내려 레고 브랜드를 활용한 비즈니스 개발을 전면 전개할 것임을 밝혔고, '레고'라는 브랜드가 통용될 가능성이 있는 사업을 모조리 검토해 신사업을 추진했다.

의류부터 캠핑 용품까지

탈블록의 대처란, 예를 들면 텔레비전 프로그램에 본격적으로 콘텐츠 공급을 하는 것이었다. 레고 제품 중에는 타운 시리즈를 비롯해 TV 프로그램으로도 받아들여질 만한 것들이 많았다. TV를 통해 아이들에게 레고 브랜드를 폭넓게 어필하여 인지도 향상과 매출 상승을 꾀할 수 있었다. 나아가 영상화를 통해 라이선스 수입이라는 부차적인 수익을 기대할 수 있었다.

플로먼은 라이선스를 통한 수익 창출 사업 모델을 레고 블록을 대체할 성장 축으로 삼으려 했다. 그리고 레고 브랜드를 제품화·서비스화할 수 있는 다양한 분야로 손을 뻗었다. 가장 먼저 뛰어든 곳은 비디오 게임 사업이었다. 레고 브랜드의 오리지널 게임을 위해 전문 개발 부문도 출범시켰다. 이외에도 의류, 시계, 신발, 유아 용품, 캠핑 용품 등 생각할 수 있는 모든 분야에서 라이선스 사업을 검토했다.

나아가 플로먼은 브랜드 호소력을 높이기 위해 소비자와 레고의 접점을 늘릴 것을 요구했다. 이전에 몇 개에 그쳤던 레고 직영점을 300개나 늘려 레고가 소비자와 직접적으로 연결될 수 있는 자리를 넓혀 갔다. 또한 덴마크 빌룬에 오픈한 테마파크 '레고랜드'의 해외 진출을 결정했다. 독일과 미국 등 유력 시장에서 레고랜드를 오픈하는 계획이 차례로 진행되었다.

'레고 스타워즈' 탄생

플로먼의 개혁은 레고의 제품 개발에도 변화를 재촉했다. 그중 가장 상징적인 것은 영화 〈스타워즈〉 시리즈를 제작하던 미국 루카스필름(2012년 미국 월트디즈니컴퍼니 인수)과의 제휴였다. 1997년 대박을 터뜨렸던 영화의 속편이 2년 뒤에 개봉하는 것에 맞춰 레고판 스타워즈를 개발하자는 기획 제안이 있었다.

레고의 전략 시장인 미국에서 〈스타워즈〉는 절대적인 인기를 자랑했다. 개발만 한다면 분명 대박을 터뜨릴 것이라는 의견이 지배적이었다. 그러나 오래전부터 레고에 몸을 담았던 간부들은 이 제안에 난색을 표했다. '그동안 레고가 지켜 온 세계관을 깨뜨릴 수도 있다'라는 것이 가장 큰 이유였다.

레고는 오랫동안 어린이용 완구업체로서 '폭력적인 것을 연상시키는 세상은 만들지 않는다'라는 불문율을 지켜 왔다. 그러나 우주 전쟁을 모티브로 한 스타워즈는 이 룰에서 완전히 벗어났다. 게다가 스타워즈 레고 버전을 출시할 경우, 레고 측이 루카스필름 측에 라이선스료를 지불해야 했다. 라이선스 사업으로 돈을 벌어야 하는데 역으로 라이선스료를 지불한다는 것은 받아들이기 어려운 상황이었다.

사내에서는 수개월에 걸쳐 거침없는 논의가 반복되었다. 그 결과, 스타워즈를 제품화해도 좋다는 결론이 나왔다. '제품 개발에도 지금까지의 레고 세계관에 얽매이지 않는 상식을 반영하겠다'라는 플로먼의 강한 의지가 반영된 결과였다.

레고는 플로먼 체제 이후인 1998년 레고 제품 개발에 가장 큰 영향력을 가진 디자이너들에게 브랜드 매뉴얼 개정판을 배포했다. 거기에는 '과거 강점이었던 레고 블록은 이제 최대의 장애다'라고 기재되어 있었다.

플로먼은 기존 디자이너들이 고집해 온 가치관에 얽매이지 않는 인재들을 유럽 각국에서 잇달아 채용했다. 그 결과, 변화 없이 기존의 것을 고수하는 디자이너들의 성과는 해마다 줄어들었다. 기존 레고의 상식을 바꾸기 위한 분위기를 사내에 신속하게 조성해 나간 것이다.

레고가 아닌 레고를 개발하자

얼마 지나지 않아 사내에서 전통에 얽매이지 않은 야심 찬 제품이 탄생하기 시작했다. 그중 하나가 2002년에 출시된 '갈리도르' 시리즈다. 이는 전투나 격렬한 액션을 선호하는 남자아이들을 위해 개발된 레고로, 블록 부품이 기존 레고 블록과 전혀 호환되지 않는다. 브랜드 이름에만 '레고'라고 붙어 있고, 내용물은 기존 레고 블록과 전혀 다르다. 바로 이 점 때문에 기존 상식에 얽매이지 않은 제품으로 칭송받았다.

또한 '잭스톤'이라 불리는 시리즈가 태어났다. 이 역시 기존 제품과 호환되지 않는다. 기존 레고 시리즈와 조금도 비슷하지 않은 디자인에 많은 직원이 위화감을 떨쳐 내지 못했다고 한다. 그러나 플로먼은 기존의 틀을 깨부수었다며 이 제품을 높이 평가했다.

한편, 전통적인 레고 제품의 개발은 대부분 재검토되었다. 어린 자녀를 둔 부모들의 지지를 받아 온 '레고 듀플로'는 새로운 가치를 구현하기에 적합하지 않다는 이유로 개발 중단을 결정했다. 듀플로에 집착하는 것은 오래된 레고의 틀에 얽매여 있는 것으로 여겼다.

플로먼은 단숨에 신사업을 시작하는 한편, 인력 정리도 단행했다. 그가 취임한 이후 당시 전체 직원의 10%인 1,000여 명이 회사를 떠났다. 이 정도 규모의 인원 감축은 창사 이래 처음이었다.

개혁이 가져온 빛

플로먼은 철저하게 비용을 절감하고 레고 블록을 대체할 새로운 수익 기둥을 세우기 위해 노력했다. 그는 외부에서 초빙된 경영 재건 전문가 역할을 충실히 이행했다. 하지만 40년이 넘도록 이어진 레고의 전통에 익숙한 직원들에게 플로먼이 쏟아 내는 대책은 극약과도 같았다. 사내에서는 오래된 직원을 중심으로 그에 대한 불만이 쌓여 갔다.

플로먼이 COO로 취임한 지 3년이 지나자 탈블록 개혁은 레고의 빛과 그림자 모두에 영향을 미친 것으로 드러났다. 우선 '빛'은 조직이 활성화되었다는 점이다. 도전이 허용되는 환경이 조성되자 직원들은 새로운 히트작을 만들기 위해 노력했다.

실제로 몇 가지 성과도 있었다. 경영진의 반대를 무릅쓰고 내놓은 스타워즈 시리즈는 레고 역사상 최대 히트작이 되었다. 영화의 인기가 원동력이 되어 2020년 레고의 영업이익은 8억 3,000만 덴마크 크로네(약 1,600억 원)로, 당시 최고 이익을 경신했다. 이 성공으로 레고는 인기 영화 작품과의 연계를 더욱 널리 전개해 나갔다. 〈해리포터〉, 〈인디아나 존스〉와 같은 히트작 레고가 잇달아 개발되었다.

레고 콘텐츠는 TV 프로그램에서도 주목받으며 마케팅 전략으로 큰 반향을 일으켰다. TV 프로그램에서 쌓은 오리지널 애니메이션 등의 노하우는 이후 개발된 '레고 프렌즈', '레고 닌자고' 등 독자적인 플레이 테마로 활용되었다.

레고의 브랜드 파워도 다시 한 번 증명되었다. 게임, 놀이공원, 의류 등의 사업은 대부분 호조세를 보였다. 컴퓨터 게임은 1997년에 출시한 '레고 아일랜드'를 계기로 '레고 미디어'라 불리는 게임 개발 조직을 출범시켰다. 레고는 액션 게임뿐 아니라 체스, 퍼즐 등 교재적인 요소를 포함한 다양한 장르의 게임을 적극적으로 개발했다.

테마파크인 레고랜드도 덴마크에서 영국, 독일, 미국, 그리고 일본으로 전개 계획을 넓혀 나갔다. 레고를 부정적으로 생각하는 사람은 매우 드물었고, 어느 나라에서나 호의적으로 받아들여졌다. 탈블록을 표방하며 레고의 가치를 블록 자체에서 브랜드로 옮긴 플로먼의 전략은 언뜻 보기에는 성공한 듯했다.

"이건 내가 아는 레고가 아니야!"

하지만 그 기세는 오래가지 못했다. 블록을 대체할 새로운 수익원으로 기대되었던 신사업은 점차 숨이 차기 시작했다. 시간이 흐를수록 플로먼 개혁의 '그림자'가 레고에 드리웠다.

예를 들어, 폭발적으로 팔린 스타워즈 시리즈는 속편 영화가 개봉한 해에는 매출이 뛰었지만 영화가 개봉하지 않은 해의 실적은 크게 저조했다. 영화 개봉과 레고 실적이 밀접하게 연결되면서 경영 안정성을 잃게 된 것이다. 게다가 사내에서 외부 유명 콘텐츠에 의존하면 매출을 올릴 수 있다는 안일한 발상이 싹트면서 제품 개발 의지가 떨어졌다.

게임과 TV 등의 다른 사업도 마찬가지였다. 화제성이 있어 처음에는 소비자들의 반응이 좋았지만 지속적인 인기로 이어지지 못하고 점차 많은 것이 기세를 잃어 갔다.

기존 레고의 틀을 깨는 것을 목표로 한 특별 발매도 결과적으로는 실패로 끝났다. 아이들과 부모들은 '갈리도르'와 '잭스톤' 등 기존 레고 블록과 호환되지 않는 제품을 선호하지 않았다. 팬들은 환영의 목소리를 내기보다는 "이건 내가 아는 레고가 아니야!"라는 말을 더욱 많이 내뱉었다. 당연히 매출은 기대한 것과 거리가 멀었다.

더욱 심각한 것은 많은 소비자가 '더 이상 예전의 레고가 아니다'라는 인상을 가지게 된 것이다. 브랜드에 대한 애착이 식으면서 레고에 대한 관심이 급격히 줄어들었다.

신사업의 그림자

결국 스타워즈 시리즈 출시로 최고 이익을 기록한 지 불과 2년 만인 2004년 레고는 당기손익 18억 덴마크 크로네(약 3,400억 원)로 적자를 기록하며 침체에 빠졌다. 무엇보다 심각했던 것은 신사업을 연달아 펼치면서 쌓인 부채였다. 2003년 26.7%였던 자기자본비율이 불과 1년 만에 5.9%까지 떨어져 창사 이래 최대 위기에 빠졌다.

그렇다면 당초 호조세를 보였던 신사업은 왜 지속되지 못한 것일까? 원인 중 하나는 모든 것을 혼자서 다 진행하려고 했기 때문이다. 사업 다각화를 결정한 것까지는 좋았으나, 대부분의 운용을 자체적으로 맡기로 한 것은 큰 실수였다. 블록의 기획이나 제조, 판매만 담당했던 레고 직원들은 갑자기 다양한 신사업의 관리 업무에 투입되었다. 빌룬 본사에서 마케팅을 담당하던 한 직원은 미국에서 개장하는 레고랜드 운영에 종사하라는 지시를 받았다. 성격이 전혀 다른 업무를 시키려 한 것이다. 그로 인해 현장에서는 불만의 목소리가 끊이지 않았다.

당시 상황을 기억하는 한 직원은 이렇게 말했다.

"블록 개발만 해 왔던 직원들이 테마파크 사업을 잘할 리 없었다."

물론 플로먼 입장에서는 그런 결정을 내린 이유가 있었다. 레고 브랜드를 지키고, 제품과 서비스 품질을 지키려면 레고 직원이 책임지고 관리할 필요가 있었다. 그렇지 않으면 레고의 세계관이 무너질 수도 있을 것이라고 생각했다.

그러나 단숨에 확대된 비즈니스는 조직의 허용량을 넘어섰다. 기존 직원들만으로 모든 것을 다루기란 도저히 불가능했다. 결국 그 당시의 운용 체제는 조금씩 금이 가기 시작했다.

시기상조였던 개혁

강력한 브랜드를 지렛대로 삼은 라이선스 비즈니스 확대, 영화나 TV 프로그램과 연계한 미디어 믹스, 테마파크 해외 진출 등 '탈블록'을 앞세운 플로먼의 화려한 개혁은 성공한 듯 보였다. 그러나 실적은 지속적인 회복으로 이어지지 못했고, 점차 실패가 뚜렷해졌다.

MIT 슬론경영대학원 강사이자 레고 경영을 분석한 도서 《레고: 어떻게 무너진 블록을 다시 쌓았나》를 출간한 데이비드 로버트슨 David Robertson은 이 시기 플로먼의 경영을 이렇게 평가했다.

"플로먼이 추진한 개혁 내용은 결코 모두 틀리지 않았다. 문제는 우선순위를 정하는 방법과 타이밍이었다. 자원이 충분하지 않은데도 여러 시책을 한꺼번에 진행하려 한 것이 무리였다."

사실 레고가 이후 CEO로 지명한 요안 비 크눗스토프의 활약으로 회사가 다시 부활하자 레고는 플로먼과 비슷한 다각화 방안을 추진해 나갔다. 플로먼이 레고 간부를 설득해 시작한 스타워즈 시리즈는 지금도 레고 인기 제품으로 수익에 크게 기여하고 있다.

로버트슨은 이렇게 말했다.

"안타깝게도 플로먼이 쏟아 낸 시책 중 상당수는 레고에 시기상조였다. 내려야 할 결단이 같아도 타이밍이 다르면 결과가 따르지 않는다. 하지만 적절한 타이밍이 언제인지 알려면 일단 해 봐야 한다. 이것이 비즈니스가 어려운 이유다."

2004년 1월 COO 자리에서 사실상 해임된 플로먼은 조용히 레고를 떠났다. 뱅앤올룹슨을 멋지게 부활시킨 그였지만, 레고에서는 같은 결과를 내지 못하고 조용히 무대에서 내려왔다.

매각 검토 소문에 휩싸인 레고

켈 키르크는 플로먼의 개혁 실패로 다시 레고를 이끌게 되었다. 그 당시 레고는 더 이상 물러설 곳이 없었다. 사업 다각화로 부채는 엄청나게 늘어났고, 그로 인해 레고 본사에 자금 사정을 우려한 금융 관계자들이 문턱이 닳을 정도로 드나들었다.

2003년에는 '레고가 매각을 검토하고 있다'라는 소문이 금융 관계자와 언론인들 사이에 파다했다. 기존 틀에 얽매이지 않고 신사업에 적극적으로 도전한다는 구상으로 한때 레고의 사기는 부활한 듯 보였다. 하지만 그 화살의 추락에 회사는 격렬하게 동요했다.

콜린스는 자신의 저서 《위대한 기업은 다 어디로 갔을까》에서 기업이 쇠퇴해 가는 길을 단적으로 설명했다. 그의 설명에 따르면 1단계는 성공에서 나오는 오만, 2단계는 규율 없는 확대 노선, 3단계는 리스크와 문제 부인, 4단계는 한 방 역전 노리기, 5단계는 굴복과 평범한 기업으로의 전락 또는 소멸이다.

블록 완구로 성공하여 세계적으로 으뜸가는 브랜드를 구축한 레고는 확실히 글로벌 기업으로의 길을 달리고 있었다(성공에서 나오는 오만, 규율 없는 확대 노선). 그러나 환경 변화를 인정하지 않아 위기에 빠졌다(리스크와 문제 부인). 그리고 플로먼이라는 외부 인재를 초빙해 한 방 역전에 베팅했다(한 방 역전 노리기). 콜린스의 이론에 비추어 볼 때 그 당시 레고는 대개혁에 도전했다가 실패한 4단계에 있었다.

이대로 가다가는 5단계 '굴복과 평범한 기업으로의 전락 또는 소멸'에 돌입하는 것은 시간문제였다. 무엇보다 켈 키르크의 머리를 아프게 한 것은 다음을 맡길 마땅한 사람이 없다는 것이었다. 직접 초빙한 경영자가 재건에 실패한 지금, 도대체 누가 레고의 회생을 맡을 것이란 말인가. 궁지에 몰린 켈 키르크가 레고의 부활을 위해 마지막 기대를 건 인물은 입사 3년 차 35세 젊은이였다.

THE LEGO STORY

창업 3세인 켈 키르크 크리스티얀센(좌)과
레고를 궁지에서 구해 준 요안 비 크눗스토프(우)

4장

혁신은 제약에서 태어난다

켈 키르크 크리스티얀센은 폴 플로먼의 개혁 실패로 다시 궁지에 몰렸다. 경영 재건의 정석에 비추어 보면 플로먼이 내놓은 시책은 확실히 이치에 맞았다. 그러나 사내에 준 충격은 너무나 컸다. 탈블록을 내건 그의 방침은 직원들을 필요 이상으로 불안에 빠뜨렸고, 팬들의 마음도 레고에서 떼어 놓았다.

팬들의 신뢰를 잃은 레고의 실적은 곤두박질쳤다. 2004년 당기손실은 18억 덴마크 크로네(약 3,400억 원)로, 사상 최악의 실적을 기록했다. 테마파크 레고랜드와 브랜드 라이선스 사업 등 당초 재건의 핵심으로 기대되었던 사업 다각화 노선도 속도를 잃어 부채가 쌓여만 갔고, 자기자본비율은 5.9%로 위험 수위에 이르렀다.

오래된 레고 팬들은 이렇게 생각했다.

'레고는 강점이었던 블록 개발에서 너무 멀어지면서 본래의 매력을 완전히 잃어버렸다.'

더는 물러설 곳이 없었던 켈 키르크는 플로먼을 대체할 경영자를 찾아 나섰다. 그러나 후보자를 찾기란 결코 쉽지 않았다. 레고의 경영 상태는 플로먼이 재건 계약자로 취임했을 때보다 더욱 악화되어 있었다. 다시 외부에서 경영자를 초빙하든, 내부에서 발탁하든 누가 이런 위험을 무릅쓰겠는가. 켈 키르크는 고민 끝에 한 남자를 부르기로 결심했다. 그의 이름은 요안 비 크눗스토프로, 레고 입사 경력이 고작 3년에 불과한 전직 컨설턴트였다.

혜성처럼 등장한 젊은 인재

크눗스토프는 180센티미터가 넘는 장신이었고, 턱수염과 둥근 안경이 트레이드마크였다. 그의 체격은 상대에게 위압감을 주기도 했지만 그의 미소는 이내 주위를 훈훈하게 만들었다. 그는 덴마크 서부에 위치한 프레데리시아에서 자랐으며 아버지는 엔지니어, 어머니는 유치원 교사였다. 많은 아이가 그렇듯 그 역시 레고에 둘러싸여 어린 시절을 보냈다. 그리고 덴마크 명문 대학인 오르후스대학교에 진학해 경영학과 경제학을 공부했다.

그는 인구 동태가 경제에 미치는 영향을 연구하면서 자녀교육에 지속적으로 관심을 가졌고, 대학 졸업 후 교원 면허를 취득했다. 그후 미국의 컨설팅 회사인 맥킨지앤드컴퍼니^{McKinsey & Company}에 입사하여 전략 수립의 기본에 대해 철저히 배웠다. 날마다 수많은 자극을 받을 수 있는 직장이긴 했지만 잠자는 시간까지 아껴 가며 맹렬히 일하는 환경은 마지막까지도 익숙해지지 않았다고 한다.

크눗스토프는 2001년 헤드헌팅 회사로부터 제의를 받아 레고에 입성했다. 레고는 맥킨지 근무 당시 직접적인 고객은 아니었지만 그가 동경하던 회사였다고 한다. 입사 후에는 컨설턴트 경험을 살려 사내의 다양한 프로젝트 관리를 담당하며 과제를 해결해 나갔다. 품질 관리에 문제가 있으면 관리 공정표를 점검하고, 생산 시스템 운용이 제대로 기능하지 않으면 관계자들을 모아 작전 회의를 열었다.

다재다능했던 크눗스토프는 금세 레고의 분위기에 익숙해졌고, 곧 사내 여러 문제를 해결하며 인맥을 넓혀 나갔다. 그의 활약상은 얼마 지나지 않아 레고 간부에게도 알려졌다. 그로 인해 그는 입사 3년 차에 전사 경영 기획을 맡게 되었다.

닥쳐오는 파산 위기

크눗스토프는 정기적으로 레고의 경영 상태를 분석한 뒤 보고서를 작성해 켈 키르크 등 간부들에게 전달했다. 따라서 레고가 위기에 빠졌다는 사실을 누구보다 잘 알고 있었다.

"아무것도 하지 않으면 레고는 몇 년 안에 파산 위기에 내몰릴 것이다."

하지만 수치상으로 레고의 위기가 명확히 드러났음에도 많은 간부가 문제를 마주하려 하지 않았다. 크눗스토프는 더는 두고 볼 수 없어 회사에 대응을 촉구했다. 켈 키르크는 그의 그러한 자세를 높이 평가했다.

크눗스토프는 켈 키르크가 자신을 CEO로 발탁한 이유를 묻는 질문에 이렇게 말했다.

"기대했던 경영 전문가가 회사를 떠나고 다른 적임자가 없었다고 본다. 회사 전략과 재무 전반을 담당했던 내가 적임자라고 판단했을 것이다."

물론 켈 키르크가 공개석상에서 크눗스토프를 CEO로 발탁한 이유를 명확히 밝힌 적은 없다. 하지만 당시로서는 외부에서 레고의 재건을 맡을 경영자를 찾을 수 없었을 것이라는 점은 분명한 듯하다.

켈 키르크가 아버지의 뒤를 이어 CEO로 취임한 나이와 크눗스토프의 나이가 비슷하기도 했다. 켈 키르크는 결국 크눗스토프의 젊음과 에너지에 배팅해 보기로 결심했다. 재건에 실패할 경우, 레고의 내일은 알 수 없었다. 모든 것을 건 승부였다.

젊은 청년이 회사를 살릴 수 있을까

크눗스토프의 발탁은 사내외에 놀라움과 당혹감을 안겨 주었다. 당시 그의 나이는 35세에 불과했다. 게다가 입사한 지 3년밖에 안 된 직원이 아닌가. 세계적으로 유명한 맥킨지에서 컨설팅에 종사한 경험은 있지만 회사를 경영한 경험은 없었다. 그런 젊은이가 덴마크를 대표하는 세계적인 완구업체의 키를 잡을 수 있을까. 너무 무거운 짐을 짊어진 것은 아닐까.

레고에서 그보다 오랜 기간 일을 한 직원들의 불만의 목소리 역시 끊임없이 들려왔다. 하지만 다른 선택지는 존재하지 않았다. 켈 키르크는 사내외 분위기를 잘 알았지만 자신의 생각을 밀어붙였다.

그는 당분간 자신이 CEO 역할을 맡을 것이라고 표명하면서 크눗스토프를 COO로 임명해 경영 집행에 책임을 지도록 했다. 또한 같은 타이밍에 덴마크 대형 금융기관인 단스케뱅크에서 스카우트한 CFO(최고재무책임자)도 합세시켜 트로이카 체제로 레고를 살리는 것을 목표로 했다.

크눗스토프에게 켈 키르크는 경영의 스파링 상대와 같은 존재였다고 한다. 크눗스토프는 켈 키르크에게 여러 아이디어와 고민을 털어놓고 피드백을 들으며 의사결정을 해 나갔다. 켈 키르크는 여러 조언을 했지만 마지막 판단은 늘 크눗스토프에게 맡겼다.

크눗스토프는 과거를 돌아보며 이렇게 이야기했다.

"켈 키르크의 생각에 맞지 않는 것도 있었겠지만 개혁을 추진하면서 내가 해야 한다고 생각한 것들은 모두 지지해 주었다."

물론 켈 키르크에게도 다른 선택지가 없었다.

생존이 우선

미국 실리콘밸리의 유명 벤처캐피털 앤드리슨 호로위츠의 공동 창업자 벤 호로위츠[Ben Horowitz]는 자신의 저서 《하드씽》에 경영자의 평상시 역할과 유사시 역할의 차이를 설명했다.

'평상시의 CEO는 승리의 방정식을 알고 있으며, 이를 따른다. 반면 전시의 CEO는 그러한 기성 개념을 깨지 않으면 승리할 수 없다. 평상시의 CEO는 넓은 시점에서 대국을 보지만 실행하는 상세 내용에 대해서는 부하에게 대폭적으로 권한을 이양한다. 전시의 CEO는 근본적인 문제와 연관된다면 작은 것 하나 그냥 내버려두지 않는다. 평상시의 CEO는 대량의 인재를 채용할 수 있는 효율적인 채용 시스템을 정비한다. 전시의 CEO도 동일한 일을 하지만 인사 부문에서는 대규모 인원 감축을 단행해야 한다.'

평상시와 유사시의 역할 차이를 자신의 경험을 바탕으로 설명한 호로위츠의 말은 스타트업뿐 아니라 모든 기업 경영자에게 해당한다. 그리고 당시 레고의 상황이 '전시'였음은 두말할 나위가 없다.

취임 직후 크눗스토프에게 요구되었던 것은 바로 전시 리더십이었다. 크눗스토프는 이렇게 말했다.

"외과 의사 아내의 표현을 빌리자면 당시 레고는 말 그대로 빈사 상태였다. 응급실로 옮겨진, 응급 처치가 필요한 환자와 같았다. 우선 지혈을 하고 안정된 상태를 되찾아야 했다. 무엇보다 우선해야 할 것은 살아남는 것이었다. 당시 레고는 거액의 부채로 인해 죽을 지경이었기에 당장 부실 자산을 제거해야 했다."

긴급 사태에서는 컨설턴트의 특기인 이념을 재정의하는 작업이나 성장 스토리를 구축하는 일은 필요하지 않다. 크눗스토프는 우선 살아남는 데 필요한 구조 개혁을 서슴지 않고 단행했다.

불가피했던 인원 감축

크눗스토프는 우선 전체 직원의 3분의 1에 해당하는 1,200명의 직원을 정리하기로 했다. 직원 한 명당 차지하는 업무 공간을 줄이고 임원실에 있던 호화 소파 등 장식품도 모두 처분했다.

"사업을 만족할 만할 수준으로 지속해 나갈 수 있는 회사가 아이들에게 꿈을 전할 수 있다."

그는 사내에서는 엄격한 모습으로 전시 상황의 리더 역할을 충실히 해 나갔다. 전 COO였던 플로먼 시대에 전개한 사업 중 채산성이 맞지 않는 것은 차례로 철수, 또는 양도를 결정했다. 레고 직영점을 폐쇄하고, 비디오 게임 사업은 연계했던 소프트웨어 회사에 넘겼다.

뿐만 아니라 기존 제품과 호환되지 않는 '잭스톤' 등의 생산을 중단했다. 이때 레고의 제품 라인업은 단숨에 30%나 줄어들었다. 크눗스토프는 유럽에 있던 생산 공장의 문을 닫았고, 켈 키르크가 마지막까지 저항했던 레고랜드의 경영권도 미국 투자펀드에 매각했다.

이와 같이 맹렬히 구조조정을 단행한 결과, 2003년 87억 덴마크 크로네(약 1조 6,800억 원)였던 총자산은 2005년 70억 덴마크 크로네(약 1조 3,500억 원)까지 줄었다. 그중 상당수가 비채산 사업이었다.

크눗스토프는 사업 매각을 계속해 나가면서 간부들과 한 가지 약속을 했다. 성장은 일단 잠시 제쳐 두겠다는 것이었다. 구조조정이 진행되고 있었지만 결코 방심할 수 없는 상황이었다. 만일 이러한 상황에서 기업이 다시 성장하면 직원들에게 '위기는 끝났다'라는 잘못된 메시지가 퍼질지도 몰랐다.

크눗스토프는 이렇게 회상했다.

"문제는 아무것도 해결되지 않았다. 그래서 낙관적인 분위기가 사내에 퍼지는 것은 어떻게든 피해야 했다."

명확하게 정한 재건 기한

크눗스토프는 정리해고 기한을 명확하게 정했다. 위기 속에서 직원들의 동기부여를 유지하려면 이 상황을 견뎌야 하는 기간을 명확하게 제시할 필요가 있다고 생각했다. 우선 3년간은 성장을 무시하고 사업을 재검토하여 일단은 살아남는 것에 집중하기로 했다. 이에 성공하면 다시 한번 성장을 위한 조직과 비즈니스 모델을 재구축할 계획이었다.

크눗스토프는 직원들에게 이렇게 말했다.

"모든 것을 동시에 실현하기는 어렵다."

결국 지나치게 넓힌 전선을 축소하기까지는 5년이라는 시간이 소요되었다. 필사적인 대처 덕분에 2005년이 되어서야 구조조정의 성과가 보이기 시작했다. "아내에게는 매일 아침 오늘이 레고의 마지막 날이 될 수도 있다고 말했다. 하지만 저녁에는 어떻게 해서 버틸 수 있었다고 말하며 하루를 정리했다. 정신을 차리고 보니 눈 깜짝할 사이에 몇 년이 지나 있었다."

2001년 78억 덴마크 크로네(약 1조 5,000억 원)였던 유이자부채는 2005년 41억 덴마크 크로네(약 7,900억 원)까지 줄어들면서 비로소 위기 상황에서 벗어날 가능성이 보이기 시작했다.

긴급 사태를 잘 헤쳐 나간 수완으로 높은 평가를 받은 크눗스토프는 2004년 레고 CEO의 자리에 올랐다.

레고의 본질적인 가치

크눗스토프는 위기에 대응하는 한편 레고를 부활시키기 위한 전략 구성을 추진했다. 재건을 맡은 직후부터 간부들과 본사 회의실에 틀어박혀 레고가 다시 성장하기 위한 길은 어때야 하는지 논의를 거듭했다. 그 본질은 레고의 가치를 재정의하는 작업이기도 했다.

'탈블록으로 흔들렸던 레고의 가치를 어떻게 되찾아야 할까?'

전 COO 플로먼이 취한 다각화 방침 자체가 결코 잘못된 것은 아니었다. 문제는 너무 급격하게 진행하다 보니 신사업보다도 먼저 근간 비즈니스가 약화된 것이었다.

'레고의 강점은 역시 블록이다. 본래의 강점을 재구축하려면 어떻게 해야 할까?'

논의는 이 물음을 바탕으로 지속되었다. 크눗스토프는 연일 무수한 사업안을 제출했다. 그것을 임원들이 검토한 뒤 피드백을 주었다. 그야말로 복싱 스파링 같은 주고받기가 이어졌다.

크눗스토프는 이렇게 회상했다.

"신사업 중 대부분은 기각되거나 재검토가 요구되었다. 그러한 판단을 내리면서 임원들은 레고의 가치가 얼마나 중요한지 다시금 깨닫게 되었다."

반년 이상 걸친 논의의 끝에 크눗스토프는 한 가지 결론에 도달했다. 그것은 레고가 가진 진짜 가치에 자원을 집중하는 것이었다. 그것은 곧 블록으로의 회귀를 의미했다.

레고의 가치는 조립 경험Building Experience, 즉 블록을 가지고 놀면서 얻을 수 있는 즐거움을 제공하는 것이다. 블록의 품질도 자랑해야 할 재산이지만 아이들은 블록을 조립해 무언가를 만들어 내는 것에 매력을 느낀다. 이 점이야말로 레고가 중심에 두어야 할 가치였다.

크눗스토프는 종종 "레고 블록은 쉽게 말해 피아노 악보 같은 것이다."라고 말했다. 피아노를 연주하면 나중에는 스스로 곡을 만들 수도 있다. 하지만 처음에는 교재 악보를 사용해 연습하고, 또 연습하며 연주 방법을 배워야 한다. 레고 블록도 이와 다르지 않다. 나중에는 자유로운 발상으로 블록을 조립할 수도 있고, 누군가에게 시범을 보이며 즐겁게 놀 수도 있다.

"레고는 우선 아이들이 연주하고 싶어 하는 악보를 만드는 데 집중해야 한다."

매력적인 악보를 준비하여 더 많은 아이를 끌어들이는 것! 그것이 바로 레고의 본래 강점이자 진정한 가치다. 크눗스토프를 비롯한 관계자들은 이러한 결론을 내린 뒤 레고의 진정한 가치를 되찾기 위해 개혁을 추진해 나갔다.

블록 개발과 제조에만 집중

크눗스토프는 자신의 경험에 비추어 봐도 그러한 견해가 옳다고 생각했다. 그의 아이들도 몇 대째 이어져 온 레고를 가지고 놀았다. 부모는 자신들이 배운 놀이 방법을 아이들에게 알려 주었고, 그 방법은 세대를 뛰어넘어 대대로 이어졌다. 즉, 레고를 가지고 노는 방법은 부모와 자녀의 수만큼이나 많이 존재한다. 부모와 아이가 레고 앞에 둘러앉아 노는 계기를 마련할 수 있다면 레고 놀이의 가능성은 무한정 넓어질 것이 분명했다.

또한 이러한 관점에서 플로먼 시대의 유산 중 일부를 잘 이어받아 효과적으로 활용할 수 있을 듯했다. 예를 들어 '레고 스타워즈'처럼 부모 세대도 잘 아는 영화와의 컬래버레이션은 부모와 자식이 함께 레고를 가지고 노는 멋진 기회를 선사해 줄 수도 있었다. 아이뿐 아니라 부모도 스타워즈라는 장대한 스토리 속에서 상상의 나래를 펼치며 푹 빠져 블록을 조립하지 않을까?

마찬가지로 스토리가 있는 작품과 연계된 플레이 테마를 전개한다면 아이들은 물론 세대를 초월하여 폭넓은 팬들에게 다양한 꿈을

심어 줄 수 있을 것이었다.

한편 크눗스토프는 플로먼 시대의 실패에서도 교훈을 찾았다. 즉, 크눗스토프는 레고가 블록의 개발·제조에서 벗어나면 안 된다고 생각했다. 본질적인 가치가 상실되면 레고의 존재 의의는 무산되고 말 것이 분명했다.

TV 프로그램이나 영화와의 협업, 게임 등의 사업은 아이들에게 다양한 형태로 이야기를 보여 주는 수단이다. 하지만 레고는 어디까지나 블록을 개발·제조해 팔기만 한다. 그것이 자신들이 가장 잘하는 일이기 때문이다. '악보'를 만들지만 그것은 어디까지나 레고 블록 구입이라는 최종 목표를 위한 것일 뿐이다.

이와 동시에 크눗스토프는 해야 할 것과 하지 말아야 할 것을 명확히 정하고 레고 경영의 대원칙을 정리했다. 다음 과제는 자신의 생각을 사내에 표현하는 방법이었다. 단순히 구호를 외치는 것만으로는 직원들의 의식이 바뀌지 않을 것이라고 생각했다. 말보다는 구체적인 롤모델을 제시할 필요가 있었다. 그 때 마침 운 좋게도 본보기가 될 만한 제품이 등장했다. 그 주인공은 바로 2001년에 출시된 '레고 바이오니클'이라 불리는 시리즈였다.

아이들은 스토리에 매료된다

'레고 바이오니클'은 '마타누이 섬'이라 불리는 가공의 외딴 섬에서 6명의 주인공이 섬을 지배하는 나쁜 악당들과 싸운다는 스토리를 바탕으로 한다. 6명은 저마다 대자연의 힘을 뜻하는 '엘레멘탈 파워'를 가지고 있고, 그 힘을 증폭시킬 가면을 찾아야 하는 사명을 갖고 있다. 어두운 인상과 다크한 스토리가 오히려 아이들의 마음을 사로

잡았다.

제품인 레고 블록은 기어와 볼 관절이라 불리는 비교적 새로운 부품을 도입하여 당시 미국 시장을 중심으로 유행하던 '액션 피규어'라 불리는 영역의 개척을 노렸다. 레고가 도전한 변형 가능한 액션 피규어는 매력적인 스토리가 원동력이 되어 아이들에게 엄청난 지지를 받았다.

'레고 바이오니클'의 독특한 점은 제품 개발뿐만이 아니었다. 마케팅 측면에서 오리지널 스토리를 인터넷용 게임과 만화, 소설 등으로도 구현하여 복합적으로 전개하는 기법을 도입했다. 기존 레고에는 없던 노출 방식으로 이 역시 아이들의 마음을 끌어당겼다.

'레고 바이오니클'은 다양한 시도가 잘 들어맞아 크게 히트를 쳤다. 당시 스타워즈와 해리포터 등을 제외한 레고 오리지널 제품으로는 역대 최고 매출을 달성했다. 그리고 그 후 10년 이상 스테디셀러로 많은 사람의 사랑을 받고 있다.

경영 부진으로 인해 그저 어둡기만 했던 상황에 내리쬔 한 줄기 빛에 경영자들은 흥분을 감추지 못했다. 크눗스토프는 이것을 하나의 성공 모델로 삼고 그 후 제품들을 전개해 나갔다.

개발 체제의 변화

'레고 바이오니클'에는 당시 레고 개발 체제에 영향을 미친 중요한 포인트가 여럿 있었다.

첫 번째는 아이들을 매료시킨 스토리다. 수수께끼 같은 바이오니클 이야기는 기존의 평화로운 세계관을 중시하는 레고 노선과 매우 달랐다. 하지만 이 독자적인 세계가 아이들을 매료시켰다. 기존 브랜드 이미지를 지키기 위해 세계관을 통일하는 것도 중요하지만 애당초 이야기에 매력이 없으면 히트작이 나오지 않는다. 다시 한번 테마의 중요성이 확인된 것이다.

두 번째는 제품 개발 진행 방식이다. '레고 바이오니클'의 제품 평가는 사내 디자이너가 아닌 아이들이 주도했다. 과거에도 아이들의 의견을 듣기는 했지만, 디자이너의 의견과 재량이 최종 판단에 큰 영향을 미쳤다. 하지만 이번에는 그 비율을 역전시켰다. 사내에서만 제품 개요를 정하지 않고 최대한 세부적으로 아이들에게 좋고 나쁨을 판단하도록 한 것이다.

정말 귀를 기울여야 하는 것은 실제로 제품을 가지고 노는 아이들의 목소리다. 결과적으로 '레고 바이오니클'이 히트함으로써 레고는 실제 사용자가 될 아이들의 의견을 반영하는 것의 중요성을 재인식했다.

세 번째는 제품 개발 기간을 단기화한 점이다. 당시 레고 제품 개발 기간은 평균 2년이었다. 직원들은 시간을 들일수록 좋은 제품을 만들 수 있다고 믿었다. 그런데 '레고 바이오니클'은 오리지널 스토리를 만화와 소설 등으로 전개하는 새로운 전략을 도입하면서 반년에 한 번의 페이스로 신작을 개발할 필요가 있었다. 조금이라도 개발 기간을 단축하고 효율성을 높이기 위해 제품 기획 단계부터 디자이너뿐 아니라 마케팅 및 생산 현장 담당자들도 회의에 참여하며 크로스펑셔널cross-functional 개발 체제가 형성되었다.

크눗스토프는 이렇게 회상했다.

"개발 기간이 짧아도 효율적인 시스템을 고민하면 좋은 제품을 만들 수 있다. '레고 바이오니클'의 성공을 분해해 봄으로써 레고 개발 단계에서 부족한 점이 서서히 드러났다."

히트작이 계속되는 시스템 구축

힌트를 얻은 경영진은 새로운 제품 개발의 프로세스 책정에 나섰다. 목적은 '레고 바이오니클'을 단발의 성공으로 끝내지 않고 계속해서 히트작을 개발하는 체제를 만드는 데 있었다. 시행착오 끝에 생각해 낸 방법은 제품을 기획·개발하는 단계에서 검토해야 할 프로세스를 하나의 부감도로 만드는 것이었다.

레고는 우선 제품 개발 과정을 요소로 분해하는 것부터 시작했다. 구체적으로는 '기획', '개발·제조', '마케팅', '수익화'라고 하는 4가지 단계를 밟기로 했다. 한편 제품의 히트는 이 4가지 중 어딘가에서 이노베이션을 일으킴으로써 만들어진다. 이 이노베이션 방법에는 '(기존의 것) 개선하기', '조합하기', '완전히 새롭게 만들기'라고 하는 3단계가 있다.

제품화까지의 4가지 단계와 이노베이션의 3단계를 합치면 다음 페이지에 소개한 것과 같은 제품 개발 개략도가 나온다. 사내에서는 이를 '이노베이션 매트릭스'라고 불렀다.

신제품 개발 책임자는 우선 사업의 어느 단계에서 어떤 이노베이션을 일으킬 수 있는지 매트릭스에 세세하게 작성한다. 어디에 혁신 포인트가 있는지, 그것을 어느 단계에서 일으킬 것인지 등 내용을 상세하게 기재함으로써 제품이 내세우고 싶은 특성을 객관적으로 이해할 수 있게 된다.

매트릭스의 포인트는 블록 개발뿐 아니라 기획부터 판매까지 모든 활동을 이노베이션 요소로 규정하고 있다는 점이다. 레고는 블록 개발과 제조에 집중하지만 이노베이션 범위를 여기에만 한정시킬 이유는 없었다. 결국 이 매트릭스를 통해 개발에서 판매에 이르는 모든 이노베이션을 객관적으로 바라보고 파악할 수 있게 되었다.

지속적으로 히트작을 창출하는 구조(예: '레고 무비')

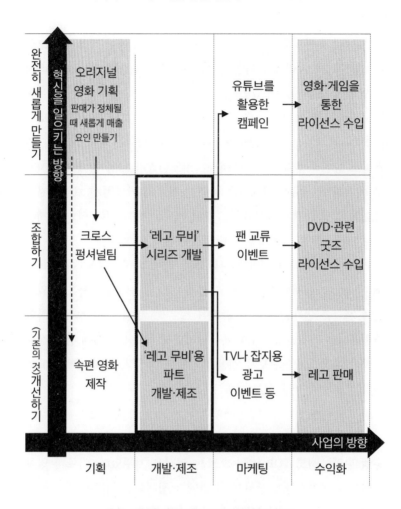

출처: 취재를 바탕으로 레고의 제품 개발 방법
'이노베이션 매트릭스'를 필자가 간략화하여 작성

'레고 무비'의 숨겨진 목표

2014년에 발매된 '레고 무비' 시리즈를 예로 들어 이야기해 보도록 하겠다. 이 시리즈의 가장 큰 혁신은 레고 제품이 아니라 오리지널 영화의 개봉 시기에 있었다.

보통 완구업계의 대목은 크리스마스 시즌인 11~12월이다. 레고도 예외가 아니어서 이 시기에 매출이 급격히 오른다. 한편 2월은 크리스마스 상거래 반동으로 인해 연중 비즈니스가 가장 정체되는 시기로 여겨진다. 완구업체로서는 이러한 치우침을 어떻게 보완할지가 중요한 경영 과제 중 하나다. 그래서 레고는 이 시기에 영화를 개봉함으로써 새로운 매출의 산을 만들고자 했다.

레고는 이에 따라 개발과 관련하여 '레고 바이오니클' 이래 축적해 온 크로스펑셔널 프로젝트를 발족시켰다. 사내에서 블록 기획과 영화 제작을 연계할 팀을 선발하여 프로젝트팀을 구성했다. 영화와 관련해서는 제작사와 커뮤니케이션하면서 개봉과 동시에 전용 레고 제품이 매장에 진열되도록 개발을 진행해 나갔다. 연계 마케팅과 이벤트 기획 외에 관련 굿즈 판매 등도 전개했다.

2월에 개봉한 영화는 결과적으로 대박을 터뜨렸고, 2014년 세계 흥행 수입에서도 TOP 10에 오르는 성적을 거두었다. 이로써 영화 흥행으로 크리스마스 상거래 후 판매가 정체되는 시즌에 새로운 매출 요인을 만드는 데 성공했다. 이후에도 '레고 배트맨', '레고 닌자고' 등의 제품을 영화 개봉과 동시에 시장에 내놓으며 큰 성공을 거두었다.

영화를 활용한 판매 혁신 전략은 지금도 계속되고 있다. 2020년에는 유니버설 픽처스와 영화 제작에 관한 독점 계약 체결을 발표했다. 새로운 시리즈 제작이 현재도 진행 중이다.

'레고 슈퍼마리오'가 대박이 난 이유

2020년에 대박을 터뜨린 '레고 슈퍼마리오'도 이 매트릭스의 콘셉트에 따라 개발이 진행되었다. 여기에서 이노베이션이란 파트너와의 제휴 형태에 있었다.

레고가 생각하는 타사와의 컬래버레이션은 본래 그 세계관을 충실하게 재현하는 것이 히트로 이어지는 보증 수표였다. '레고 스타워즈'와 '레고 해리포터'도 마찬가지였다. 영화에 등장하는 다양한 장면을 세심하게 파악하여 블록으로 충실히 재현함으로써 팬들이 그 세계에 빠져들기를 노렸다.

이러한 정석대로 생각해 보면 레고 슈퍼마리오의 경우도 미니 피규어를 제작하여 다양한 코스를 재현하는 것으로 충분했을지도 모른다. 하지만 그런 방식은 뻔하고 아무런 혁신성도 없다. 양사 개발진은 뻔한 제품을 출시할 거라면 레고와 닌텐도가 손을 잡는 의미가 없다고 생각했다.

'모처럼 진행하는 컬래버레이션인데 마리오만의 놀이를 개발할 수는 없을까?'

논의 끝에 도달한 결론은 마리오의 세계를 아이들이 직접 만들어 볼 수 있는 콘셉트였다. 개발을 담당한 레고의 선임 디자이너 조나단 베닝크Jonathan Bennink는 이렇게 말했다.

"레고는 슈퍼마리오의 다양한 세계를 재현하지만 그것은 어디까지나 한 가지 예일 뿐이다. 게임의 시작부터 골인 지점까지의 장애물들을 아이들이 자유롭게 만들 수 있도록 설계했다."

아이들은 창의력을 발휘해 자신만의 코스를 생각한다. 레고는 그 상상의 세계가 현장감 넘칠 수 있도록 여러 가지를 세세하게 제작했다. 예를 들어 마리오는 액정 디스플레이를 사용하여 다양한 표정으

2020년에 발매된 '레고 슈퍼마리오'.
슈퍼마리오의 다양한 세계를 아이들이 직접 만들 수 있다.

로 풍부한 감정을 보일 수 있도록 했다. 자이로 센서를 내장하여 뛰어오르는 움직임을 감지해 효과음이 시원스럽게 들리게 했고, 발밑의 컬러 코드를 읽으면 코인을 획득하거나 적을 쓰러뜨리는 액션에도 대응할 수 있게 했다.

베닝크는 이렇게 말했다.

"마리오의 세계에 빠지면서도 아이들은 물리적으로 레고를 조립해 코스를 만들 수 있다. 디지털 게임을 레고의 세계관 속에 녹여낸 재미있는 제품이 되었다."

레고 슈퍼마리오는 좋아하는 세계를 만들 수 있는 자유도가 아이들의 마음을 완벽하게 사로잡았고, 그 결과 타사 브랜드와의 협업 작품 중에서 역대 최대 규모의 히트를 기록했다.

반드시 큰 변화일 필요는 없다

레고가 구축한 이노베이션 매트릭스는 레고에 있어서 3가지 의미가 있었다.

첫 번째는 이노베이션을 일으켜야 할 대상을 블록의 개발·제조뿐아니라 모든 비즈니스 요소로 넓힌 것이다. '레고 무비'의 혁신성이영화 제작과 개봉 시기라는 기획에 있었던 것처럼 블록 개발·제조이외에도 이노베이션을 일으킬 수 있음을 일깨웠다.

일반적으로 자동차나 가전과 같은 제조업의 경우, 이노베이션이라고 하면 아무래도 개발하고 있는 제품의 혁신성에만 관심이 쏠리기 쉽다. 레고는 이 시각을 넓혀 기획부터 팀 구성, 판매 방법, 수익창출 방법까지 비즈니스 흐름 모두에서 이노베이션의 가능성을 찾았다.

두 번째는 이노베이션이 반드시 큰 변화일 필요는 없다는 사실을증명한 것이다. 이노베이션이라고 하면 무심코 극적인 변화를 상상하기 쉽다. 그러나 현실 비즈니스에서 그러한 변혁이 일어나는 일은극히 드물다. 반면, 작은 개선은 평소에도 끊임없이 일어난다. 크눗스토프는 이러한 작은 개선도 훌륭한 이노베이션이라는 사실을 매트릭스를 통해 사내에 주지시켰다.

세 번째는 히트를 만들어 내는 노하우의 가시화와 축적이다. '레고 시티', '레고 프렌즈', '레고 닌자고' 등 레고의 주력 시리즈는 모두이 매트릭스에 따라 개발되었다. 각각의 매트릭스는 제품마다 축적되어 개발 후에도 귀중한 데이터로 활용되고 있다.

당시 상황을 잘 알고 있는 한 레고 개발 디자이너는 이렇게 이야기했다.

"과거 제품의 히트 사례와 실패한 패턴을 대조함으로써 신제품을어떻게 전개해야 할지 전술을 세우기가 쉬워졌다."

과거의 지식 축적하기

1990년대 레고는 사업 분야를 지나치게 급격히 다각화했다. 이노베이션 매트릭스는 이를 반성하는 입장에서 설계된 것이다. 투입하는 자원을 블록 개발에 집중하여 매번 어떻게 개량해 나갈지 관계자 전원이 확인할 수 있는 구조가 도입되었다.

이노베이션 매트릭스에서는 각 제품에 어느 정도 새로운 가치가 부여되고 있는지를 가시화할 수 있기 때문에 사내 공통의 개략도로도 사용할 수 있다. 제작자는 기획, 개발·제조, 마케팅, 수익화 등 다양한 시점에서 제품화까지의 절차를 입체적으로 바라보고 무엇이 경쟁점인지 객관적으로 평가할 수 있게 되었다. 그 결과, 개인과 팀, 부문 내로만 한정되어 있던 노하우를 공유할 수 있게 되었다.

크눗스토프는 자신 있게 이야기했다.

"베스트 제품을 끊임없이 만들어 내기 위해서는 지금까지의 지견을 축적하여 새로운 것으로 연결하는 것이 중요하다. 이노베이션 매트릭스로 인해 레고 노하우가 축적되어 신제품 개발에 도움이 되고 있다."

레고의 경영 효율은 의도한 대로 크게 개선되었다. 히트를 창출하기 위한 이노베이션 요소를 객관적으로 바라보면서 어디까지나 사업의 중심을 블록의 개발·제조에 둔다. 블록의 조합을 바꾸고 매트릭스를 바탕으로 개발한 새로운 제품을 매년 계속 투입함으로써 지속적으로 히트작을 만들어 낸다. 이로써 지극히 효율적인 개발 체제를 구축할 수 있게 된 것이다.

이 성과는 숫자로도 나타났다. 매출의 효율성을 나타내는 재고회전율은 2003년 연간 결산 기준 8.1회에서 2013년 13.9회로 개선되었고, 제품을 효율적으로 매상으로 연결할 수 있게 되었다.

디자이너의 의식 개혁

이노베이션 매트릭스의 도입은 큰 과제이기도 했던 디자이너의 의식 개혁으로도 이어졌다. 앞서 말했듯 레고 제품력의 원천을 담당하는 사람은 제품을 기획하는 디자이너였다. 따라서 레고 사내에서 우수 디자이너는 제품 개발에 대해 사실상 아무런 규율도 적용받지 않았다.

레고 디자이너들은 비용 등 그 어떤 제약도 받지 않으면서 자유롭게 제품을 개발했다. 그만큼 그들은 과거 많은 실적을 쌓았고, 신뢰도가 매우 높았다. 하지만 레고가 경영 위기에 빠진 이후 상황은 크게 달라졌다.

크눗스토프는 일련의 개혁을 계기로 디자이너에게도 처음으로 사업 규율을 적용할 것을 촉구했다. 예를 들어, 그동안 레고 제품 개발과 관련해서는 디자이너가 사용하고 싶은 색상과 부품을 그 누구의 눈치도 보지 않고 자유롭게 사용할 수 있었다. 당시 레고가 거래하던 업체는 1,000개 이상이었다고 한다. 수지나 컬러 제조업체는 각 디자이너와 개별적으로 연결되어 있어 같은 종류의 수지를 여러 업체로부터 사들이는 일도 적지 않았다.

2012년부터 2017년까지 레고 CFO를 지낸 존 굿윈^{John Goodwin}은 이렇게 말했다.

"낭비가 컸지만 아무도 그 실태를 파악하지 않았다."

크눗스토프는 기존 시스템을 폐지했고, 정말 필요한 부품이 있으면 투표를 실시하여 꼭 필요하다고 인정된 것만 채택하는 형태로 바꾸었다.

제품 개발 체제도 재검토했다. 이전에는 디자이너가 주도권을 잡는 경우가 많았지만 크로스펑셔널 프로젝트로 변경한 뒤 이를 개선했다. 디자이너를 마케팅이나 생산 부문 등 각 담당자가 참여하는 팀의 일원으로 취급하고, 개발부터 완성까지 정보를 철저하게 공유할 것을 요구했다.

크눗스토프는 이렇게 강조했다.

"디자이너는 방에 틀어박혀 있으면 안 된다. 적극적으로 밖으로 나가야 한다."

큰 성과 중 하나는 디자이너에게도 비용 의식을 갖게 하는 구조를 도입한 것이었다. 제품을 개발할 때 개발 담당자는 13.5%라는 제품 이익률을 밑돌면 안 된다는 룰을 만들었다. 이를 밑도는 개발은 임원 회의에서 기각되었다. 그로 인해 디자이너들은 비용을 고려할 수밖에 없었고, 개발팀 전체가 레고 부품(엘리먼트) 수 등을 줄여 원가를 낮추는 노력을 해야만 했다. 개발 기간도 명확하게 정하기로 했다. 기간은 기존 2~3년에서 1년 정도로 단축했다. 또한 수익과 직결되는 수치 목표를 부과했다.

훌륭한 제품만 만든다면 누구도 불평을 하지 않는다. 과거 레고에서 디자이너는 창의성을 높이 평가받아 파워가 강했다. 그러나 위기 상황에서는 채산성을 고려하지 않은 제품 제작은 허용되지 않았다. 크눗스토프는 지금까지 성역으로 여겨졌던 디자이너의 권한에도 제약을 가해 비용을 생각하게 했고, 시스템으로 성과를 관리하며 업무 실태를 과학적으로 평가하도록 제품 제작의 근대화를 추진해 나갔다. 디자이너는 이제 무엇이든 마음대로 디자인할 수 없게 되었다.

혁신은 제약에서 태어난다

일련의 개혁은 디자이너들의 강한 반발을 샀다. 많은 디자이너가 이렇게 외쳤다.

"제품의 품질이 떨어질 수도 있다!"

그러나 크눗스토프는 휘둘리지 않고 단호하게 말하며 디자이너들의 의식 개혁을 촉구했다.

"쓸 수 있는 물건이 한정되어 있을 때 오히려 아이디어가 산다. 혁신은 제약이 있기 때문에 탄생한다."

그럼에도 그의 말에 수긍하는 디자이너는 드물었다. 그 당시를 잘 기억하는 한 디자이너는 이렇게 말했다.

"불만의 목소리가 들끓었다. 동기부여가 줄어든 데다 새로운 방식에 도전하는 것은 누구나 귀찮다고 생각하기 때문이다."

크눗스토프는 끝까지 자신의 생각을 굽히지 않았다. 디자이너들은 마지못해 회사 방침을 따랐지만, 이윽고 그 틀 안에서 히트작이 탄생하고 회사가 바뀌기 시작하자 불만이 조금씩 사라졌다.

크눗스토프는 연이어 박차를 가하듯 디자이너의 행동 변화를 촉구하는 조직을 만들었다. '글로벌 인사이트'라는, 아이의 행동을 관찰하는 조직을 발족하여 자신들의 고객이 누구인지 재인식시키려고 했다. 구체적으로는 제품 개발을 위해 실시하는 아이들 대상의 공청회 방법을 크게 바꾸었다. 쉽게 말해, 조사에서 관찰로 전환한 것이다.

조직 출범에 관여했던 한 직원은 이렇게 말했다.

"아이들이 하루 동안 무엇을 먹고 어떻게 지내는지 일상에 밀착해 관찰하고 거기에서 인사이트를 획득하기 위해 노력했다."

아이들이 무엇에 흥미를 보이는지 성급하게 판단하지 않고, 우선 겸허히 관찰하는 것부터 시작하려고 생각한 것이다. 그러한 과정에 문화인류학자 등 기존에는 없었던 사람들이 대거 참여했다.

　얼마 지나지 않아 레고 사무실은 아이들로 북적였다. 아이들과 레고 직원이 교류하며 대화를 나누는 모습은 이윽고 일상적인 풍경이 되었다.
　앞서 소개한 직원은 이렇게 말을 이었다.
　"그때 디자이너들은 아이들의 목소리를 귀 기울여 들었다. 하지만 자신들은 모든 것을 알고 있다는 껍데기에서 벗어나지는 못했다."
　레고는 관찰하고 과제를 찾고 이를 해결하는 프로토타입(시제품)을 만들어 아이들이 직접 경험해 보게 했다. 이런 과정은 이제 매우 당연해졌고, 아이들이 정말로 원하는 것이 무엇인지 알아내는 방법론은 현격히 진화했다. 그리고 이것이 히트작을 탄생시키는 원동력이 되었다.

공급망 쇄신에 착수하다

　레고는 제품 개발 전략을 구상하는 동시에 또 하나의 큰 과제를 해결하기 위해 칼을 빼 들었다. 노후한 공급망을 손보기로 결심한 것이다. 아무리 좋은 제품을 개발해도 아이들에게 제때 전달할 수단이 없다면 무용지물이 되어 버리고 만다. 그 당시 레고의 공급망은 매우 노후화되어 배송 구조는 파탄 직전이었다. 특히 물류 인프라 쇄신이 매우 중요한 과제였다.
　레고는 이 문제를 해결하고자 스위스 로잔에 거점을 둔 비즈니스 스쿨 IMD 교수진에게 도움을 요청했다. 2005년 발리 파다Bali Padda는 공급망 연구를 전문으로 하는 교수인 카를로스 코돈Carlos Codon을 찾아 갔다. 참고로 파다는 이후에 레고의 CEO가 된 인물이다.

파다가 코돈을 찾은 이유는 레고 공급망을 근본적으로 재검토하기에 앞서 상담을 받기 위해서였다. 파다는 코돈을 보자마자 인사도 하는 둥 마는 둥 하고 용건부터 꺼냈다.

"의류 브랜드 자라^{ZARA}를 운영하는 인디텍스^{Inditex}와 같은 고속 공급망을 구축하고 싶습니다."

이상적인 공급망의 형태는 이러했다. '점포에서 팔린 제품의 정보가 수시로 생산 공장에 전달되어 수급에 따라 생산량을 조절한다. 유통망과 이러한 정보가 연동되어 최적의 형태로 제품을 전달할 수 있다.'

하지만 이상과 달리 당시 파다는 레고 공급망을 재구축하는 데 애를 먹고 있었다. 레고 공급망의 가장 큰 과제는 제품 공급량 부족에 있었다. 피크인 12월 크리스마스 호황에는 레고의 공급이 수요를 따라잡지 못했다. 이 시기에 물류가 막히거나 생산이 지연되면 실적 확대는 전망하기 어려웠다. 하지만 레고는 창업 이래 단 한 번도 공급망을 재검토하지 않았다. 그저 확장에 확장을 거듭한 누더기 공급망에 불과한 상태였다.

파다는 이렇게 털어놓았다.

"근본적인 구조가 30년 이상 변하지 않았다."

레고는 창업 초기에 거래 점포 대부분이 영세 완구점이었기 때문에 오랫동안 작은 완구점을 상대로 한 공급망을 확대해 왔다. 구체적으로는 배송 센터를 유럽에 여럿 배치하여 그곳에서 제품을 저마다 따로따로 배송했다. 하지만 한 번에 배송할 수 있는 수는 한정된 데다 수요가 부족해도 다른 시설을 통해 주문에 대응하기 어려워 지연이 자주 발생했고 효율이 매우 낮았다.

블록 공장 생산 체제도 크게 개선될 필요가 있었다. 예를 들어, 본사가 있는 지역에 자리 잡은 공장의 블록 성형기는 통합적으로 관리

되지 않아 공장 작업자가 수동으로 블록 제조 설정을 조정하고 있었
다. 또한 주문도 제대로 관리되지 않아 수요 예측을 하는 것이 불가
능했다.

파다는 이렇게 말했다.

"문제가 너무 많아 어디서부터 손을 대야 할지 참으로 막막했다."

누더기 시스템을 버리다

시대에 뒤떨어진 레고의 공급망과 상관없이 소매업계에는 큰 변
화가 일어나고 있었다. 1980년대에는 영세 완구점을 대신해 월마트
등 대형 할인점이 등장했고, 매출 비중은 해마다 높아졌다. 더불어
토이저러스와 같은 대형 완구 전문점도 증가했다. 이윽고 매출 비중
은 크게 역전되었고, 레고 수익 중 3분의 2는 대형 할인점과 대형 완
구 전문점 상위 200개 점포가 차지하게 되었다.

그런데도 레고는 1990년대에 들어서도 1,000개 이상의 기존 소
매점과 거래를 하기 위해 낡은 시스템을 사용하고 있었다. 용량과 기
술, 양 측면에서 조기에 공급망을 전환하지 않으면 모처럼의 회복세
에 찬물을 끼얹을 수도 있었다.

파다는 코돈 등 IMD 교수진에게 조언을 받으며 문제를 하나하나
해결해 나갔다. 최우선 사항은 속도였다.

파다는 이렇게 회상했다.

"뛰어난 파트너가 있다면 적극적으로 아웃소싱해야 한다. 어떤 방
법으로든 공급망을 가장 빠르게 다시 만드는 방법을 찾아야 한다."

레고는 우선 사업 파트너를 좁혔다. 글로벌 운송 대기업인 독일
DHL과 계약을 체결하여 10곳 넘는 곳에 흩어져 있던 배송 거점을

통합했다. 그렇게 배송망을 정리하여 효율적으로 제품을 전달하는 체제로 바꾸었다.

블록의 생산 거점도 재검토했다. 인건비가 보다 저렴한 헝가리에 대형 공장을 개설했고, 규모의 장점을 살려 비용을 줄이고 독일 등 유럽의 큰 시장에 대응하기로 했다.

생산 체제에도 디지털 기술을 접목하여 제조한 블록에 종류별로 ID(식별자)를 부여해 정보를 관리할 수 있는 시스템을 정비했다. 블록 단위로 관리함으로써 제품의 재고 상황도 가시화되어 정확한 수요를 예측할 수 있게 되었다.

그 결과, 부품에 융통성이 생겨 수요의 급격한 변동에도 견딜 수 있게 되었다. 3년에 걸친 공급망 개혁은 결실을 맺었고, 레고는 계속해서 성장해 나갔다.

마침내 착수한 이념 재정의

레고가 제품 개발과 제조·공급망이라는 두 바퀴를 지렛대로 삼자 비로소 기업 전체의 톱니바퀴가 돌기 시작했다.

그 결과는 2006년에 나타났다. 연간 결산 결과, 매출액은 77억 9,800만 덴마크 크로네(약 1조 5,000억 원), 영업이익은 14억 500만 덴마크 크로네(약 2,700억 원)를 기록했다. 영업이익은 전기 대비 약 3.3배 대폭 증가하면서 개혁의 효과가 차츰 나타나기 시작했다.

이때부터 크눗스토프는 '유사시 CEO'에서 '평상시 CEO'로 조금씩 역할을 변화시켜 나갔다. 2006년부터는 사내에서 이념의 중요성을 이야기하기 시작했다.

크눗스토프는 이렇게 말했다.

"조직이 죽느냐 사느냐의 상황에서는 이념이고 뭐고 다 소용없다.

하지만 긴급 수술이 끝나고 호흡을 할 수 있게 되면 그다음에는 직원들에게 지향해야 할 방향을 제시할 필요가 있다. 직원들에게 여유가 생기면 자신이 왜 이 회사에서 일하는지 돌아보기 때문이다."

레고는 앞으로 무엇을 성장 원동력으로 삼을 것인가. 말하자면 그 방향성을 맞추는 이념의 재정의라고도 할 수 있었다. 다만, 그 자체는 결코 새로운 작업이 아니었다. 레고에는 창사 당시부터 내려오는 훌륭한 이념이 있었기 때문이다.

크눗스토프는 그 자산을 살리기로 결정했다. 하나는 블록을 통해 아이들이 창의력을 기를 수 있도록 돕는 것! 이를 다음과 같이 표현하고 미션으로 정했다.

'Inspire and develop the builders of tomorrow(영감을 주며 미래의 주역을 육성한다).'

또 하나는 항상 최고의 품질을 추구하는 것! 크눗스토프는 이를 레고의 기반으로 정착시키기 위해 창업자인 올레 키르크 크리스티얀센이 자주 하던 말을 모토로 정했다.

'Only the best is good enough(최고가 아니면 좋다고 할 수 없다).'

블록 제조에만 집중하고, 디자이너의 의식을 바꾸고, 히트작을 지속적으로 창출하는 구조! 회사의 이념을 재정의한 레고에는 점차 활기가 되살아났다.

하지만 크눗스토프는 아직 만족하지 못했다. 앞으로도 레고가 진정한 의미로 팬들의 기대에 부응하는 제품을 계속해서 만들려면 보다 넓은 시야를 가지고 혁신을 추구할 필요가 있었다. 사내 디자이너가 만들어 내는 제품을 세상에 내놓는 것만으로는 부족하다고 생각했다.

이 세상에는 레고를 사랑하는 사람이 엄청나게 많이 존재한다. 그들의 풍부한 지견은 레고에 새로운 가치를 더하는 귀중한 재산이 될 것이다. 인터넷의 영향으로 이러한 팬들이 모이는 커뮤니티가 하나둘 생겨나기 시작했다.

크눗스토프는 팬들의 지혜를 활용하여 레고에 새로운 가치를 더할 방법을 모색했다. 이후에 이는 '사용자 혁신'이라 불리는, 기존에 없던 유니크한 방법으로 레고의 부활을 뒷받침하게 되었다.

요안 비 크눗스토프
(레고 브랜드 그룹 회장)

**변화에 대비하기 위해
존재 의의 되묻기**

1968년 11월 출생. 덴마크 오르후스대학교를 졸업했으며, 영
국 크랜필드대학교에서 경영학 석사학위를, 미국 매사추세츠
공과대학교에서 박사학위를 취득했다. 2001년 레고에 입사하
기 전까지 미국의 컨설팅 회사 맥킨지앤드컴퍼니에서 근무했
다. 2004년 35세의 나이에 레고 CEO로 취임했으며, 2017년 1
월 레고 브랜드 그룹 회장으로 취임했다.

Q. 밑바닥이었던 레고의 실적을 훌륭하게 재건했습니다.

A. 아이들의 인생에 좋은 영향을 주고 싶다는 생각으로 매일매일
경영에 임했습니다. 실적은 이에 대한 하나의 평가입니다. 이익과 현
금 흐름은 산소와도 같습니다. 살아가기 위해서는 최소한의 산소가
필요하죠. 하지만 그 자체를 쫓아 사업을 하는 것은 아닙니다.

Q. 요즘 레고의 매출을 견인하고 있는 주력 제품은 '플레이 테마'라 불리는 시리즈입니다. 단순한 레고 블록이 아니라 테마별로 다른 세계관을 어필하고 끌어들임으로써 결과적으로 레고 팬이 되게 하는 것, 기능이 아니라 스토리를 어필하는 것이 마케팅 기법의 실천이라고 생각합니다.

A. 분명 레고의 실적을 견인하는 것은 '플레이 테마'로 대표되는 주력 제품입니다. 1980년대부터 레고의 기본 특허가 각국에서 만료되어 지금은 누구나 레고와 비슷한 블록을 제조할 수 있습니다. 물론 우리에게는 블록 품질에 대한 고집이 있습니다. 그러나 블록의 외형은 경쟁사와 큰 차이가 없죠.

Q. 블록 자체는 범용화가 된 것이네요.

A. 그렇습니다. 그렇다면 수많은 블록 중에서 레고를 선택하게 하려면 어떻게 해야 할까요? 우리는 오랜 기간 동안 이 과제에 대해 깊이 고민했습니다. 그 답 중 하나가 '플레이 테마' 전개였어요. 저는 이를 피아노와 악보의 관계에 비유하여 이야기하곤 합니다.

피아노는 악보 없이도 그 자체로 즐길 수 있습니다. 하지만 악보가 있으면 또 다르게 즐길 수 있죠. 자신이 몰랐던 다양한 세계를 알게 되고, 그 세계관에 잠길 수 있습니다. 즉, 피아노를 즐기는 방법이 넓어지는 셈이죠.

레고의 생각도 그와 비슷합니다. 물론 블록 자체로도 즐길 수 있지만 우리가 다양한 종류의 '악보'를 준비함으로써 아이들이 즐기는 방법을 확장하고 있습니다. 그리고 악보로 연습하다 보면 훗날 자신만의 곡을 만들어 낼 수 있듯, 레고도 플레이 테마를 통해 만드는 법을 한번 익히면 나중에는 자신의 세계관을 자유롭게 만들 수 있습니다.

Q. 2004년 CEO로 취임할 당시, 회사는 파탄 위기에 처해 있었습니다. 상황이 어땠나요?

A. 당시 레고를 강타한 큰 변화는 2가지였습니다. 하나는 블록의 기본 특허가 만료되면서 경쟁사에서 레고보다 저렴한 블록을 잇달아 출시한 점, 다른 하나는 가정용 비디오 게임기로 대표되는 디지털 완구가 등장했다는 점입니다.

그동안 레고는 특히 남자아이용 완구 중에서 압도적인 존재감을 자랑했습니다. 브랜드 파워도 있고, 교육 완구로서의 측면도 갖추어 부모들에게 큰 신뢰를 받았죠. 그런데 이러한 지위를 위협하는 요인들이 동시에 여러 개가 등장한 것입니다.

Q. 이것이 바로 클레이튼 크리스텐슨 교수가 이야기한 '파괴적 이노베이션'이죠.

A. 지금이라면 냉정하게 돌아보며 그렇게 말할 수 있겠지만 그 당시에는 급격한 환경 변화에 즉각 대응하지 못했습니다. 레고는 수십 년 동안 아이들에게 스테디셀러 장난감이었기 때문에 경쟁사나 비디오 게임의 등장으로 파산 직전까지 내몰릴 것이라고 상상조차 하지 못했어요. 그런데 1990년대 후반부터 매출과 점유율이 순식간에 하락했습니다.

Q. 그 상황을 어떻게 바꿔 나갔나요?

A. 1997년 당시 CEO였던 켈 키르크 크리스티얀센은 상황을 바꾸기 위해 외부에서 경영 전문가를 초빙했습니다. 덴마크 고급 오디오 메이커를 재건한 경력이 있는 경영자가 레고 회생의 진두지휘를 맡

게 되었죠.

그가 레고를 살리기 위해 선택한 방법은 사업 다각화였습니다. 1990년대 후반 레고는 비디오 게임 개발, TV 프로그램 제작, 테마파크 확대, 직영점 다점포 전개 등 무수한 신사업에 나섰죠. 버팀목인 블록의 매출 감소를 보완할 수익원을 신사업에서 추구한 것입니다.

일련의 개혁은 어느 정도 성과를 거두었습니다. 한 예로 영화 〈스타워즈〉와의 컬래버레이션은 이 시기에 탄생했고, 그때 출시된 제품은 지금도 많은 사랑을 받고 있습니다. 그러나 대부분의 신사업은 기대만큼 성과를 내지 못해 적자가 계속되었습니다. 어쩌면 당연한 결과였죠. 그동안 레고 블록만 개발하던 회사가 갑자기 비디오 게임과 테마파크에 뛰어든 건데, 쉽게 좋은 성과를 낼 수 있었겠어요?

Q. 신사업 실패로 2004년 레고는 당기손실 약 18억 덴마크 크로네라는 사상 최대 적자를 기록했습니다. 너무나 암울한 시기에 CEO에 취임하셨는데 어땠나요?

A. 문제의 소재는 어느 정도 알고 있었습니다. 조직이 문제라고 생각했죠. 최악의 성과를 내고도 많은 사람이 만족스러운 표정을 짓고 있는 것을 보고 위화감을 느꼈습니다. 당시 저와 함께 재건을 맡은 CFO의 말이 잊히지 않습니다. 그는 "이렇게 형편없는 실적을 본 것은 생전 처음이다. 모든 게 참혹한 상황이다. 이익도 전혀 없고, 매출 예측조차 할 수 없다. 그런데도 모든 사람이 뿌듯한 표정을 짓고 있는 것이 너무나 신기하다."라고 말했죠.

직원들은 과거의 브랜드 파워, 아이들에게 미치는 영향력을 과신한 나머지 환경 변화에 대한 감각이 너무나 무뎠어요. 저는 그것이 위기에 신속하게 대응하지 못한 근본적인 이유였다고 생각합니다. 직원들은 급격하게 진행된 사업 다각화로 자신들의 강점이 무엇인지, 무엇을 목표로 삼아야 하는지 그 어떤 것도 깨닫지 못했습니다.

제가 해야 할 일은 레고는 무엇을 위해 존재하는 회사인지, 앞으로 어떻게 나아가야 하는지 되묻는 작업이었습니다. 나아가야 할 방향을 정하고, 그곳을 향해 직원들이 움직이게 해야 했죠. 그게 잘되면 레고는 예전의 영예를 되찾을 수 있을 것이라고 믿었습니다.

하지만 그 전에 눈앞에 있는 경영 위기를 없애야 했습니다. 따라서 재건 단계를 나누었습니다. 우선 살아남기 위해 정리해고를 단행했고, 비디오 게임과 프로그램 제작 같은 익숙하지 않은 사업을 정리했습니다. 또한 오너 일가가 시작한 테마파크 경영권도 매각했죠.

그리고 워룸War Room이라 불린 회의실을 만들어 현재 상황을 꼼꼼하게 체크했습니다. 간부들이 화려한 차를 타지 않도록 주의를 주기도 했죠. 어쨌든 뭘 하느냐가 아니라 뭘 하지 않느냐를 중점적으로 생각했습니다.

저는 "레고는 더 이상 우리가 생각하는 것만큼 위대한 브랜드가 아니다. 우리가 과연 아이들의 성장을 돕고 있다고 할 수 있을까?"라고 말하며 직원들이 긴장감을 느끼게 했습니다. 저 또한 무척 괴로웠지만 앞으로 나아가기 위한 채찍이라고 생각하며 계속해 나갔습니다. 이때 주의한 것은 직원들이 철저하게 살아남는 것에 매달리도록 성장 전략을 언급하지 않는 것이었습니다. 어려운 시기에 매출이 늘면 왠지 모르게 안심이 되고, 그러면 결국 개혁이 느슨해지니까요.

Q. 정리해고는 물론이고, 한 번 재건에 실패한 조직을 이끌기란 상당히 어려웠을 것 같습니다.

A. 우선 다각화된 사업을 접고 사업의 과녁을 좁혀야 했습니다. 하지만 그 당시에는 그다음 답이 없었어요. 제품 개발, 마케팅, 신사업……. 사내의 어떤 영역에 먼저 초점을 맞추어야 좋을지 아무것도 정해지지 않았죠.

지금이라면 레고는 오랜 기간 블록 개발과 제조를 해 온 회사이기 때문에 그 부분이 강점이라고 자신 있게 말할 수 있지만, 궁지에 몰린 상황에서는 그 대답이 쉽게 떠오르지 않았어요. 정말 힘든 시기였죠. 선배 경영자, 친구 등 여러 사람과 의견을 나누었습니다.

그러자 방향이 보이기 시작했어요. 바로 창업자의 이념으로 되돌아간다는 것이었습니다. 창업자이자 목수였던 올레 키르크 크리스티얀센은 어린이들에게도 어른과 같은 고품질 제품을 전한다는 이념을 내걸고 수년간 완구 개발을 해 왔습니다. 처음에는 목공 완구를, 그다음에는 레고 블록과 조립 시스템의 이노베이션을 만들어 냈습니다. 그 역사를 돌아봤을 때 역시 레고는 블록 개발 외에는 답이 없다고 확신했어요.

중요한 것은 창업자의 이념을 다시 한 번 조직에 침투시키는 것이었습니다. 레고라는 회사의 존재 의의는 무엇인가. "아이들에게는 최고의 것을"이라는 창업자의 말은 이를 단적으로 보여 주었습니다. 결과적으로 제 일은 창업자의 말을 우리 시대에 맞는 내용으로 재정의하는 것이 되었습니다.

우선 직원들을 대상으로 레고의 강점과 그동안 생각해 온 이념은 무엇인지 조사를 진행했습니다. 간부들은 논의를 거듭했고, 워크숍을 열어 직원들의 참여를 유도했죠. 거기서 목표해야 할 회사의 이념을 확인하는 작업을 계속해 나갔습니다.

이런 과정을 통해 재발견한 것은 바로 'Only the best is good enough(최고가 아니면 좋다고 할 수 없다)'입니다. 이는 사내 모토인데, 끊임없이 개선하고 항상 최고의 것을 목표로 하여 지속해 나가야 한다는 뜻입니다.

한눈에 알 수 있듯 창업 당시라 말하는 시기의 것과 지금의 레고가 하고 있는 것은 본질적으로 다르지 않습니다. 그러나 저로서는 이 모토에 도달하기까지의 과정이 매우 중요했습니다. 이는 조직의 숙명일지도 모르지만 창업자가 내건 훌륭한 이념도 시간이 지날수록 점차 희미해지니까요. 이념도 어찌 보면 꾸준한 유지 보수가 필요한 부분인지도 모릅니다.

Q. 10년 후 아이들의 놀이는 어떻게 바뀔까요?

A. 비디오 게임과 스마트폰처럼 새로운 기술로 인해 아이들의 놀이는 변화할 것입니다. 하지만 본질적인 부분은 크게 다르지 않을 것이라고 생각합니다. 권선징악, 라이벌과의 경쟁 같은 스토리는 예나 지금이나 아이들을 끌어당깁니다.

나아가, 무언가를 모으는 행위는 아이들의 관심을 끌어당기는 중요한 요소입니다. 가치 제공 방법은 기술의 진화에 따라 점점 달라지겠지만 분명 아이들이 매료되는 본질은 변하지 않을 것입니다. 우리는 이를 '펀더멘털(기초적)패턴'이라고 부르며, 신제품을 개발하는 중요한 요소로 생각합니다.

그 누구도 미래를 정확하게 맞힐 수 없습니다. 우리가 1990년대에 그랬던 것처럼 파괴적 혁신으로 인해 사업 환경이 언제, 어떻게 변화할지 누구도 예측할 수 없죠. 개인적인 경험으로 말하자면, 그러한 변화에 대비하기 위해 필요한 것은 예측보다는 자신의 존재 의의를 되묻는 것이라고 생각합니다. 그것을 출발점으로 변화에 준거한 전략을 구축하는 것! 그것이 바로 이노베이션 딜레마를 회피하는 유일한 방책이 아닐까요?

THE LEGO STORY

일본인의 제안으로 만들어진 '레고 신카이 6500'.
이는 팬들 사이에서 '전설의 레고'라 불린다.

5장

히트의 씨앗은
팬에게 있다

일본의 해양연구개발기구^{JAMSTEC}는 가나가와현 요코스카시에 본부를 둔 국립연구개발법인이다. 국제지구관측 등에서 세계 유수의 조사 능력을 자랑하는 이 싱크탱크에는 해양 팬들을 사로잡을 만한 작품이 전시되어 있다. 그 주인공은 바로 잠수 조사선 신카이 '6500'이다.

이는 1989년 심해 생물 조사 등을 목적으로 개발되었으며, 유인 선체로는 세계에서 가장 깊은 수심 6,500미터까지 잠수하는 내구 성능을 자랑한다. 탄탄한 스펙과 달리 귀여움이 느껴지는 디자인으로 많은 팬을 사로잡으며 개발된 지 약 30년이 지난 지금까지도 꾸준히 사랑받고 있다.

신카이 6500은 지속적으로 개량이 진행되어 지금도 현역 해양조사선으로서 세계 바다에서 활약하고 있다. 2017년에는 통산 1,500회 잠항을 달성했다.

사실 이 조사선은 위기에 빠진 레고의 부활을 뒷받침해 주었던 새로운 서비스와 깊은 관련이 있다. 레고와 해양연구개발기구! 아무런 관계가 없을 것만 같은 두 곳을 연결한 사람은 일본 요코하마시에 사는 한 남성이었다.

사용자의 아이디어를 제품으로

'당신의 아이디어가 레고 작품이 될 수 있습니다.'

2008년 말의 일이다. 프리랜서 디자이너였던 나가하시 와타루는 인터넷에서 우연히 흥미로운 사이트를 발견했다. '레고 쿠수^{LEGO} CUUSOO'라는 사이트에서 레고가 제품화될 만한 아이디어를 일반인들로부터 폭넓게 모집하고 있었다.

나가하시의 흥미를 끈 것은 사이트 운영 주체였다. 일반 레고 팬이 아닌 완구 메이커 레고가 직접 관여하고 있었다. 아이디어가 일정 수의 지지를 받으면 레고가 진심으로 제품화를 검토한다는 사실이 나가하시를 흥분시켰다.

"이거 너무 재미있을 것 같아."

나가하시는 자신도 아이디어를 내 보기로 결심했다. 그가 낸 아이디어는 바로 신카이 6500의 상품화였다. 그는 레고 팬도, 해양 연구 전문가도 아니었지만 어떠한 일로 골머리를 앓고 있었다.

나가하시는 당시 43세로 2명의 초등학생 자녀를 두고 있었다. 아이들은 이전에 우연히 참가한 해양연구개발기구 견학을 계기로 해양 세계에 관심을 보이기 시작했다. 나가하시는 그 모습을 보고 뭔가 아이들의 지적 호기심을 자극할 만한 활동을 하고 싶다는 생각을 했다.

아이들은 그동안 해양 연구와 전혀 인연이 없는 생활을 했다. 그런데 견학을 마치고 돌아온 뒤부터 해양 생물과 탐색선 도감을 들여다보았다.

'다른 아이들도 기회만 있다면 우리 아이들처럼 해양 연구에 흥미를 갖지 않을까?'

나가하시는 과학에 흥미를 느끼는 아이들이 점점 줄어들고 있는 현실이 너무나 안타까웠다. 그리고 아이들에게 어떠한 기회를 마련해 주고 싶다고 생각하던 참에 레고 쿠수의 존재를 알게 되었다. 신카이 6500을 레고로 만들면 아이들은 분명 신나게 조립을 할 것이고, 이것이 해양의 신비에 호기심을 갖게 되는 계기가 될 수도 있을 것이라는 생각에 나가하시는 곧바로 시제품 제작에 착수했다.

레고 쿠수에서 레고를 제품화하는 순서는 다음과 같았다.

① 아이디어를 제안하고 싶다면 사이트에 접속해 회원가입을 한다.
② 제품화하고 싶은 아이디어를 사이트에 사진이나 일러스트로 제안한다. 정해진 방법은 없다.
③ 회원들은 제안된 아이디어를 살펴본 뒤 '제품화되면 구매하고 싶다'라는 의사를 표명하는 한 표를 던질 수 있다. 아이디어에 투표할 때 가격이 어느 정도이면 구입할 것인지도 구체적으로 기입한다.
④ 일정 수 이상의 지지를 받은 아이디어가 있다면 레고 측에서 구체적으로 제품화를 검토한다.

나가하시는 보다 구체적인 이미지를 전달하기 위해 일러스트와 더불어 레고로 신카이 6500을 직접 만들어 어필하기로 했다. 오랜만에 레고를 만져 어려움을 겪기도 했지만 동심으로 돌아간 듯한 기분이 들어 너무나 행복했다고 한다.

세계 레고 팬들의 반향

나가하시가 완성한 작품은 상당한 성과를 거두었다. 사이트에 올리자마자 바로 반응이 왔다. 신비로운 바다를 탐사하는 해양조사선이라는 독특한 아이디어는 아이들은 물론이고 어른들의 마음까지 사로잡았다.

반향은 일본을 넘어 전 세계 팬들에게도 전해졌다. 나가하시는 상상 이상의 반응에 놀라지 않을 수 없었다. 신카이 6500의 투표수는 지금까지 진행된 투표와 차원이 달랐다. 투표 수는 월등한 속도로 늘어났다.

'내 아이디어가 이렇게 지지를 받을 줄이야.'

나가하시는 제품화를 위한 활동에 더욱 공을 들였다. 가장 중요한 것은 우선 1,000명의 회원으로부터 구매 의사를 나타내는 표를 모으는 것이었다. 나가하시는 자신의 블로그 등에 투표 상황을 적극적으로 공개했다. 해양 연구에 심혈을 기울이고 있는 대학 교수들에게도 지원을 부탁했고, 인터넷 활동을 통해 알게 된 사람들에게도 투표를 독려했다.

적극적인 활동 덕분에 나가하시의 아이디어는 2010년 1월 목표 투표수에 도달했다. 그 결과, 레고는 약속대로 신카이 6500의 제품화를 위한 검토를 시작하겠다고 발표했다. 그리고 얼마 뒤 사이트를 통해 제품화 진행 확정을 공지했다.

'해저 생물의 탐색은 우주만큼이나 신비롭습니다. 신카이 6500의 스토리는 매우 흥미로웠습니다. 이 레고가 제품화됨으로써 더 많은 사람이 신카이 6500과 JAMSTEC의 일에 관심을 갖는 계기가 되길 바랍니다.'

그리고 1년 후인 2011년 2월 '레고 신카이 6500'이 정식 제품으로 발매되었다. 조립 설명서에는 신카이 6500의 역사가 일본어로 해설되어 있었고, 설명서 끝에는 제품화에 투표한 레고 쿠수의 유저 이름도 적혀 있었다. 이러한 해설서가 붙은 것은 레고 역사상 처음 있는 일이었다. 이 상품은 현재 단종되었지만 '전설의 레고'로 많은 팬들 사이에서 높은 평가를 받고 있다.

팬의 지혜도 가치다

앞서 4장에서 살펴보았듯 회사가 심각한 경영 위기에 빠졌을 때 레고 CEO로 취임한 요안 비 크눗스토프는 재건을 위해 자사의 가치를 다시 블록에 집중시키고자 노력했다. '이노베이션 매트릭스'라고 하는 새로운 제품 개발 구조를 구축하여 다양한 플레이 테마를 통해 폭넓은 세계관을 제공하는 전략이 지속적으로 성과를 거두었고, 레고의 주력 사업은 부활의 실마리를 찾기 시작했다.

다만, 크눗스토프가 재정의한 레고의 가치는 단순한 원점 회귀에 그치지 않았다. 본래의 가치를 되찾는 것만으로는 같은 제품을 개발할 수 있는 경쟁사나 새로운 경쟁 상대인 비디오 게임 회사를 이길 수 없었다. 그러한 점에서 사용자의 창의력을 자극하는 새로운 조립 경험이야말로 레고 경쟁력의 원천이었다. 크눗스토프는 그러한 경험을 생각하는 것은 레고 디자이너에게만 국한된 일이 아니라고 생각했다.

모두가 디자이너가 될 수 있는 시대

'레고에는 자랑할 만한 팬들이 전 세계에 있다. 이들 중에는 매일 레고를 가지고 노는 열렬한 유저도 있고, 나가하시 씨처럼 특별한 이유로 레고에 관심을 가져 주는 사람도 있다. 우리에겐 모두 흥미로운 레고 이야기다.'

마침 인터넷에 관련 스토리가 빠르게 퍼지고 있었다. 사람들은 집 어딘가에 박아 두었던 레고를 꺼내 자신만의 자랑스러운 작품을 만들어 인터넷에 올리기 시작했다. 대부분 취미 영역에서 벗어나지 못했지만, 그중에는 제품화할 수 있을 것 같은 매력적인 작품도 여럿 있었다.

그동안 레고 제품은 '사내 디자이너만 만들 수 있는 것'이라는 암묵적인 인식이 존재했다. 하지만 크눗스토프는 변화를 민감하게 감지했다. 나가시처럼 인터넷을 통해 누구나 레고 제품을 디자인할 수 있었다. 그는 팬들의 지혜를 접목한 새로운 레고 개발 방법을 구축하고 싶었다. 그가 발견한 열쇠는 바로 팬 커뮤니티였다.

지금은 페이스북, 인스타그램 등 다양한 SNS가 보급되어 같은 취미를 가진 사람들이 모일 수 있는 공간이 많다. 하지만 이런 것들이 등장하기 훨씬 전부터 레고에는 팬들 간의 농밀한 커뮤니티가 존재했다.

특히 성인 레고 팬들을 위한 'AFOL[Adult Fans of LEGO]'이라는 강력한 팬 네트워크가 있었다. 이 커뮤니티에서는 레고 제품 및 이벤트에 관한 이슈부터 자체 제작한 레고 작품 전시까지 온갖 정보가 오갔다. 레고는 이러한 커뮤니티의 존재를 인식하고 있었지만, 교류는 어디까지나 일부 사원이 자주적으로 참가하는 정도에 그쳐 있었다.

그러나 레고 간부들은 경영 위기를 계기로 사용자와의 대화가 얼마나 중요한지 깨닫게 되었다. 그래서 기존의 방침을 조금씩 전환하여 본격적으로 팬들과의 교류를 시작했다.

2005년 8월 크눗스토프는 켈 키르크 크리스티얀센과 함께 미국 조지메이슨대학교에서 열린 팬 교류회 '브릭페스트'에 참가했다. 사실 짧게 시찰할 예정이었는데, 행사장에서 두 사람을 알아본 팬들이 순식간에 몰려들었다. 팬들은 레고 CEO와 창업 3세의 방문에 크게 흥분했고, 즉석에서 대화의 장이 열렸다.

크눗스토프는 이렇게 회상했다.

"모두 레고에 대한 생각을 보여 주었고 날카로운 질문도 끊임없이 던졌다. 모두가 흥분한 상태였다."

대화의 장은 3시간 이상 계속되었다. 크눗스토프와 켈 키르크는 팬들이 저마다 레고에 관한 자신만의 이야기를 가지고 있으며, 그 자체가 레고의 매력임을 다시 한 번 깨달았다. 그리고 레고의 가치에 대해 다음과 같은 확신을 갖기에 이르렀다.

'레고의 진짜 훌륭함을 아는 사람은 바로 팬이다. 그들은 사내 디자이너가 생각지도 못할 참신한 아이디어를 가지고 있고, 이를 종일 생각할 정도로 애착도 가지고 있다. 이러한 팬들과의 거리를 좁히고 아이디어를 끌어올리는 노력을 계속해 나가야 한다.'

이노베이션 매트릭스의 단점

크눗스토프가 리더로서 경영에 나선 지 3년이 지났을 무렵에는 제품 개발의 이노베이션 매트릭스가 사내에 거의 정착해 있었다. 개발 절차가 표준화됨으로써 크로스펑셔널 방식으로 이노베이션을 검토하는 구조가 갖추어졌다. 다만, 이 이노베이션 매트릭스에는 결점도 존재했다. 바로 어느 정도 매출을 기대할 수 있는 제품 개발을 전제로 하고 있다는 점이었다.

4장에서 살펴보았듯 이노베이션 매트릭스를 사용한 프로젝트는 아무래도 큰 매출을 기대할 수 있는 제품이 우선시된다. 매트릭스는 기획부터 수익화까지 일련의 프로세스를 전체적으로 바라보기 위한 것이지, 새로운 분야나 카테고리에 도전하는 실험적인 제품의 아이디어를 창출하기 위한 것은 아니기 때문이다.

물론 주력 제품의 계속적인 이노베이션은 무척이나 중요하다. 하지만 한편으로는 기존 노선을 뛰어넘는 도전적인 개발을 하지 않으면 중장기적으로 레고의 이노베이션이 정체되어 버릴지도 모른다. 장담할 수는 없지만 잘되면 홈런이 될지도 모르는 그런 야심 찬 제품을 발굴할 수단을 찾아야 했다. 크눗스토프는 그 가능성의 하나로 팬들이 가진 아이디어를 기대했다.

"발상에 아무런 제약이 없는 팬들의 아이디어는 레고가 생각지도 못한 새로운 가치를 창출할 계기를 마련해 줄지도 모른다."

이에 따라 팬들의 의견을 바탕으로 한 독특한 개발 기법을 개척했다. 당시 그 임무를 맡은 사람은 레고에서 신사업 개발을 담당하던 폴 스미스 마이어[Paul Smith Maier]였다. 스미스 마이어는 레고에 디자이너로 입사했지만 2003년 레고가 세운 조직 '프론트엔드 이노베이션'에서 신사업 출범을 맡았다.

컴퓨터로 레고 조립하기

'팬들의 목소리를 레고 개발에 어떻게 접목할 것인가.'

스미스 마이어 팀은 현장을 다니며 그 힌트를 찾았다. 그들은 전 세계 레고 팬들의 이벤트에 참여하기도 하고, 레고를 좋아하는 스타트업 경영자들과 교류하기도 하며 사용자의 아이디어를 형상화하기 위한 다양한 기법을 찾아냈다. 그리고 어떤 하나의 아이디어를 실제로 시도해 보기로 했다.

'열광적인 팬들이 전 세계에 산적해 있다면 그들의 아이디어를 그들 스스로 구체화할 수 있는 도구를 개발해 보는 것은 어떨까?'

2005년 레고는 '레고 팩토리(후에 '레고 디자인 바이 미'로 명칭 변경)'라는 서비스를 개시했다. 핵심은 컴퓨터에서 가상으로 레고 블록을 조립할 수 있는 소프트웨어를 무료로 제공하는 것이었다.

이 소프트웨어를 사용하면 사용자는 컴퓨터에서 디지털 블록을 조립해 레고 작품을 제작할 수 있었다. 또한 블록을 조립하는 순서가 기록되어 프로세스를 조립 설명서로 출력할 수도 있었다. 완성된 작품은 '갤러리'라 불리는 가상 공간에 꾸밀 수 있고, 실제 레고 블록 세트로 주문해 구입할 수도 있었다. 매주 투표를 진행해 우수 작품을 선정하고, 인기 모델은 제품화하는 체계도 마련해 자신 이외의 사용자가 만든 오리지널 작품을 구매하는 것도 가능했다.

레고는 지속적인 투자로 그 당시 정보기술을 100% 활용하여 전에 없던 가치를 만들어 내기 위해 노력했다.

사업으로 활성화되지 않은 아이디어

레고 팩토리는 사용자의 아이디어를 위로 끌어올리는 방법으로서는 잘 만들어진 구조로 보였다. 스미스 마이어를 비롯한 관계자들은 팬들이 적극적으로 레고 팩토리를 이용해 주길 기대했다.

그러나 서비스는 크게 활성화되지 않았다. 여러 가지 이유가 있었는데, 그중 하나는 바로 '가격'이었다. 레고 팩토리에서 만든 작품은 쉽게 살 수 있을 만한 가격이 아니었다. 레고 팩토리에서는 작품 1개부터 주문을 받아 발송했다. 같은 구성으로 양산되는 기존 제품에 비하면 규모의 경제가 작용하지 않아 아무래도 가격이 높아졌다. 그 결과, 기존 세트보다 가격이 30~40% 정도 비쌌다.

또 레고 팩토리에 올라온 아이디어는 개별성이나 마니아성이 높은 것이 많았다. 누구나 갖고 싶어 하는 제품은 그다지 올라오지 않았고, 레고 팩토리의 사용자는 일부의 고정 팬에 한정되어 있었다. 이 때문에 사용자의 저변이 넓어지지 않았고, 서비스의 열기는 크게 달아오르지 못했다.

새로 개발한 소프트웨어도 초보자에게는 너무나 난해했다. 자신의 손을 움직이는 것처럼 블록을 조립할 수 없었다. 조작 방법이 어려워 사용자들은 불만을 품었다.

레고는 소프트웨어 개량을 지속적으로 펼쳤지만, 결국 높은 장벽을 넘어서지는 못했다. 레고 팩토리는 채산성에 맞는 비즈니스와는 거리가 멀어져 갔다.

스미스 마이어는 이렇게 회상했다.

"개발한 지 1년 정도 지나자 서비스가 활기를 띠지 못하는 이유가 보이기 시작했다. 하지만 그걸 어떻게 해소해야 할지 묘안이 잘 떠오르지 않았다."

이대로라면 프로젝트가 중단될 것이 분명했다. 그런데도 스미스 마이어는 사용자의 목소리를 끌어올리는 개발 기법 구축에 매달렸다. 그동안 레고가 헤맨 이유 중 하나는 팬들의 목소리에 진지하게 귀를 기울이지 않은 데 있다고 생각했기 때문이다. 하지만 레고 팩토리는 사용자의 아이디어를 끌어올리는 구조를 만들기 어려웠다.

'팬들의 아이디어를 적극적으로 끌어올리면서 매출도 올릴 방법은 없을까?'

스미스 마이어는 여러 차례 현장을 찾았다. 스타트업이 모이는 콘퍼런스, 레고 팬들의 모임, 대학 교수의 포럼……. 조금이라도 힌트를 얻을 수 있는 만한 곳은 직접 찾아가 사람들을 만나며 조사를 거듭해 나갔다. 그러던 중 스미스 마이어 팀은 미국에서 한 일본인의 강연을 듣게 되었다. 그리고 이것이 문제 해결의 돌파구가 되었다.

한 일본인 기업가와의 만남

2006년 미국 구글 본사에서 '오픈 앤 유저 이노베이션 콘퍼런스'라는 행사가 개최되었다. '기업이 사외의 조직이나 개인과 어떻게 혁신을 일으킬 것인가'라는 주제로 열린 이 콘퍼런스에는 유명 연구가들과 기업이 참여했다. 주최자는 사용자 혁신 개념을 제창한 인물로 알려진 에릭 폰 히펠 등 이 분야를 최전방에서 연구하는 학자들이었다.

레고는 이 행사에서 사용자 아이디어를 형상화하는 서비스의 예로 레고 팩토리를 선보일 예정이었다. 그리고 같은 날 한 일본인 기업가가 운영 중인 서비스도 소개될 예정이었다.

그 기업가는 당시 36세였던 니시야마 코헤이라는 남성이었다. 그는 일본에서 '엘리펀트디자인'이라는 스타트업을 창업하여 '공상생활空想生活'이라는 온라인 서비스를 제공하고 있었다.

콜롬비아에서 어린 시절을 보내고 귀국해 도쿄대학교를 졸업한 니시야마는 기존의 상식에 얽매이지 않는 공격적인 기업가 정신을 가진 인물이었다. 대학 졸업 후에는 미국 맥킨지앤드컴퍼니에 입사해 컨설턴트로서 경험을 쌓았다.

니시야마는 1994년부터 약 3년간 정보통신·미디어 업계 담당으로 디엔에이^{DeNA}를 창업한 난바 도모코 등과 함께 통신 분야 신규 사업 프로젝트 등에 종사했다. 그는 그때의 경험을 바탕으로 인터넷이 가진 가능성을 강렬하게 느꼈다고 한다.

니시야마는 이전부터 준비하고 있던 비즈니스 아이디어를 형상화하기 위해 창업을 결심했다. 그리고 1997년 동료들과 함께 인터넷을 활용한 사용자 참여형 제품기획사 엘리펀트디자인을 창업했다.

엘리펀트디자인이 다루는 공상생활의 콘셉트는 앞서 소개한 레고 쿠수의 토대가 되었다. 엘리펀트디자인은 사이트 내에 다양한 테마를 준비해 회원들에게서 '이런 상품을 갖고 싶다'라는 아이디어를 모집한다. 아이디어는 사이트를 통해 공개되고, 이를 전문 디자이너나

주부, 학생들이 구체적인 디자인으로 풀어 나간다.

회원들은 그 작품에 관해 다양한 의견을 제시하며 제품으로서의 가치를 만들어 나가고, 최종적으로 신제품의 디자인과 기능이 추려지고 시기가 무르익으면 제품화 여부를 투표로 결정한다. 그리고 찬성표가 일정 수를 넘으면 제조사에 생산을 의뢰한다.

니시야마는 이렇게 이야기했다.

"소비자는 갖고 있으면 좋겠다고 생각하는 제품을 실제로 만들어 준다는 점에 매력을 느낀다. 메이커 측도 아이디어 단계부터 판매 가격에 대한 의견을 듣기 때문에 생산량을 예측할 수 있어 채산성을 맞추기가 쉽다. 초기 투자나 재고 리스크를 억제할 수 있어 서로에게 이점이 있다."

플랫폼을 제공하는 엘리펀트디자인은 실제 팔린 상품의 1~5%를 수수료로 받아 수익으로 연결했다.

사용자들의 공감을 부르는 메커니즘

사용자들의 아이디어를 모집하여 일정 수의 찬성표가 모이면 제품화하는 구조. 그 본질은 '크라우드펀딩'이라 불리는 콘셉트와 같다. 지금은 일반적으로 알려진 서비스이지만, 니시야마는 이것이 알려지기 10년 이상 전부터 이와 유사한 방법을 활용하고 있었다.

니시야마가 개척한 사용자 아이디어를 활용한 제품 개발이라는 콘셉트는 이후 대기업의 눈에도 들어왔다. 그중 한 곳이 '무인양품'을 운영하는 양품계획이었다. 공상생활에 흥미를 느낀 이 회사는 2001년 엘리펀트디자인의 콘셉트를 양품계획 사이트 'Muji.net'에 포함시켰다. 성과는 바로 나타났다. '휴대할 수 있는 불빛', '몸에 딱 맞는 소파', '벽 선반' 등의 히트 상품이 나왔다. 후에 니시야마의 소개로 관계를 구축한 레고와 양품계획은 2009년 '종이로 노는 레고 블록' 등 공동 개발 상품을 출시했다.

니시야마가 추진한 사용자 주도 이노베이션은 당시 학술계에서도 큰 주목을 받았다. 그중 한 사람이 고베대학교 교수 오가와 스스무小川進였다. 그는 일본 사용자 이노베이션 연구의 일인자로 알려져 있으며, 폰 히펠이 바로 그의 멘토였다.

2006년 오가와는 니시야마의 독특한 사용자 혁신을 학술지 〈MIT 슬론 매니지먼트 리뷰〉에 발표했다. 이 논문에 관심을 가진 폰 히펠이 니시야마를 앞서 언급한 오픈 앤 유저 이노베이션 콘퍼런스에 초대한 것이었다.

눈에 바로 보인 과제

신기하게도 니시야마의 프레젠테이션은 레고의 바로 다음 순서였다. 니시야마는 레고의 이야기를 흥미롭게 들으면서 레고 팩토리가 안고 있을 문제를 간파했다고 한다.

니시야마는 이렇게 회상했다.

"경험상 레고 팩토리 콘셉트로 규모를 확대하는 것은 어려울 것이라 생각했다. 사용자가 제안하는 모든 아이디어가 반드시 대단하다고 할 수는 없다. 수많은 제안 중에서 정말 괜찮은 것을 골라내는 메커니즘이 필요하다."

레고의 뒤를 이어 프레젠테이션을 시작한 니시야마는 내용을 조금 바꿔 레고 팩토리가 안고 있을 문제도 언급했다. 동시에 공상생활은 그 문제를 어떻게 해결하고 있는지 상세하게 소개했다.

"공상생활은 모든 아이디어를 형상화하는 것이 아니라 일정한 지지를 받은 아이디어를 추린 뒤 제품화를 검토한다. 게다가 투표 시

'얼마면 사고 싶은지'를 리서치함으로써 소비자가 기대하는 가격대를 파악한다. 따라서 메이커는 보다 채산성이 있는 제품으로 개발을 좁힐 수 있다."

니시야마는 직감적으로 자신들의 플랫폼이라면 레고가 안고 있는 과제를 해결할 수 있을 것이라고 생각했다. 그는 그때 레고 관계자가 자신의 이야기를 귀 기울여 듣고 있다는 사실을 알고 있었다고 한다.

프레젠테이션이 끝나자 예상대로 레고 팀이 달려왔다.

"선생님의 이야기를 더 듣고 싶습니다."

레고 담당자는 서둘러 본론으로 들어가 공상생활의 플랫폼에 대해 질문하고, 또 질문했다. 그리고 그 후 정식으로 미팅을 제안했다.

니시야마와 레고는 빌룬의 본사 등에서 여러 차례 회의를 진행했고, 2008년 11월에 실험 서비스를 개시하기로 합의했다. 그것이 바로 앞서 언급한 '레고 쿠수'였다. 첫 3년간은 일본어로만 서비스하고 그 결과를 지켜본 뒤 글로벌 전개 여부를 판단하기로 했다.

레고는 레고 쿠수의 전개를 앞두고 레고 팩토리에서 운용하고 있던 룰을 재검토했다. 기존에는 레고 팩토리의 작품을 제품화해도 제안자는 아무런 보수를 받지 못했는데, 레고 쿠수에서는 보수를 주기로 했다. 그 최초의 성과가 된 것이 바로 신카이 6500이었다.

스미스 마이어는 이렇게 말했다.

"이런 흥미로운 세계를 제품화할 수 있었던 것은 모두 사용자의 아이디어 덕분이다. 레고 디자이너의 힘만으로는 결코 신카이 6500이 탄생하지 못했을 것이다."

신카이 6500 탄생 이후에도 일본 소행성 탐사기 '하야부사*' 모델을 제품화하는 등 레고 쿠수에서 독특한 작품들이 잇달아 탄생했다. 실험 기간을 거쳐 영어판 서비스가 시작되자 참여 유저는 비약적으로 늘어났고, 그로 인해 아이디어의 질과 양 모두 급격하게 확대되었다.

'레고 마인크래프트'를 파헤치다

다만, 개시 초기 레고 쿠수는 덴마크 레고 간부들에게는 수많은 실험적 프로젝트 중 하나에 불과했다. 레고 쿠수는 분명 레고 팩토리의 과제를 극복했지만 경영진이 인정할 만큼의 폭발적인 히트 테마를 발굴하지 못했기 때문이다. 그런데 얼마 지나지 않아 그런 인식을 뒤엎어 버린 히트작이 탄생했다. 그것은 바로 2011년 팬들의 아이디어로 올라온 온라인 게임 '마인크래프트'를 테마로 한 작품이었다.

마인크래프트는 스웨덴 프로그래머 마르쿠스 페르손Markus Persson이 개발한 네트워크형 시뮬레이션 게임이다. 사용자들은 마인크래프트에서 가상 세계에서 레고와 같은 블록을 사용해 집과 건물 등을 구축하여 자신들이 생각하는 세계를 자유롭게 만들어 나간다. 마치 레고 블록을 가상 공간에 쌓아 가는 듯한 이미지로 실제로 많은 이용자가 마인크래프트를 '디지털판 레고'로 인식하고 즐거워했다. 2009년 서비스 개시 이후 열광적인 팬들을 확보했고, 사용자는 전 세계로 확산되었다(페르손이 창업한 마인크래프트의 개발회사 모장Mojang AB은 2014년 9월 미국의 마이크로소프트에 인수되었다).

마인크래프트의 인기가 확대됨에 따라 팬들 사이에서는 실물 레고로 마인크래프트의 세계를 재현하고 싶다는 목소리가 높아졌다. 이에 레고는 마인크래프트 제품화를 검토했지만 여러 가지 이유로 기획이 중단되었다. 하지만 마인크래프트의 레고 버전을 구현해 달라는 요구는 꾸준히 이어졌다. 그럼에도 불구하고 레고가 움직이지 않자 한 사용자가 레고 쿠수에서 그 희망을 이루기 위해 노력했다.

마인크래프트의 세계를 레고로 재현한 세트를 제안한 것이다.

'레고 마인크래프트'라는 아이디어는 온라인상에서 순식간에 화제를 모았다. 전 세계 팬들이 그의 아이디어를 지지했고, 제품화에 필요한 투표수 1만은 불과 이틀 만에 달성되었다. 2012년에는 제품판이 탄생했다.

레고판 마인크래프트의 반향은 매우 컸고, 그 결과를 본 레고는 제품을 정식 플레이 테마로 승격시키기로 했다. 지금도 레고 마인크래프트는 전체 플레이 테마 중에서도 손꼽히는 인기 시리즈다.

스미스 마이어는 이렇게 말했다.

"언젠가 팬이 제안한 히트작이 나올 것이라고 예상은 했지만 그렇게까지 금방 나올 줄은 몰랐다."

폰 히펠도 레고 쿠수는 흥미로운 구조라고 이야기했다.

"사용자들은 기업이 생각하는 것 이상으로 창의적이고 기발한 아이디어를 가지고 있다. 사용자들의 의견을 잘 활용하면 기업은 사내에서 모든 이노베이션을 다루는 것보다 몇 배의 효능을 얻을 수 있다. 레고 마인크래프트가 바로 그 예다."

2014년 레고는 엘리펀트디자인으로부터 레고 쿠수 사업을 인수하고 본격적으로 자사 서비스로 전개해 나가기로 결정했다. 서비스명을 '레고 아이디어'로 변경한 뒤 전 세계 팬들로부터 아이디어를 모집하는 플랫폼 서비스로 탈바꿈했다.

이후에도 레고 아이디어를 통해 〈백 투 더 퓨처〉, 〈고스터버스터즈〉와 같은 영화를 테마로 한 작품과 미국 항공우주국NASA의 여성 우주비행사, 그랜드 피아노 등 독특한 상품이 잇달아 출시되었다.

지금도 사이트에는 열렬한 마니아부터 일반 팬까지 폭넓은 사용자들의 아이디어가 계속해서 올라오고 있다.

팬과의 공동 창작이 낳은 '레고 마인드스톰'

레고는 레고 아이디어로 팬의 아이디어를 받아들이는 새로운 이노베이션을 구조로서 도입했다. 사실 이 플랫폼의 등장 이전부터 레고는 독특한 오픈 이노베이션 시행착오를 이어 왔다. 레고 쿠수가 사내에서 받아들여진 것도 과거부터 다양한 경험이 축적되었기 때문이다.

사용자의 아이디어를 활용한 제품 개발의 첫 번째 성공 사례는 1998년에 출시한 '레고 마인드스톰'이었다. 이는 모터와 센서를 내장한 레고 블록을 사용하여 로봇 등을 만들 수 있는 상급자용 세트다. 10~12세를 대상으로 한 프로그래밍 로봇의 입문용 레벨 제품으로 개발되었다. 2020년에 최신판이 출시되었으며, 지금도 프로그래밍 교육 교재로 부동의 인기를 누리고 있다.

1998년 당시 '프로그래밍 언어를 사용하여 로봇 레고를 움직인다'라는 콘셉트는 기존 레고 제품에는 없는 독특한 특징으로 큰 호응을 얻었다. 키트는 로봇을 제어하기 위한 모터와 센서 기구를 갖추고 15종의 프로그램이 작동하는 소프트웨어를 탑재하여 PC에서 로봇을 조작할 수 있었다.

하지만 출시한 지 일주일도 지나지 않아 레고 경영진이 예상치 못한 사태가 발생했다. 미국 스탠퍼드대학교 학생들이 레고 프로그래밍 소프트웨어를 해석하여 원하는 대로 프로그램을 고쳐 쓰는 방법을 발견한 것이다. 학생들은 소프트웨어 코드를 인터넷에 공개했고, 마인드스톰의 팬들이 모이는 사이트에 개량한 소스 코드를 잇달아 올렸다.

그러자 이를 본 전 세계 팬과 학생들이 흥미를 느끼며 프로그램을 더욱 개량하기 시작했다. 어느새 인터넷상에는 다양한 코드가 넘쳐

팬의 아이디어를 반영하여 대히트를 친 '레고 마인드스톰' 시리즈

나 사용자발※ 오리지널 로봇이 잇달아 생겨났다.

블랙잭에 도전하는 로봇, 마음대로 퍼즐을 푸는 로봇 등 학생들이 멋대로 만들어 낸 독자적인 마인드스톰이 팬 사이트와 블로그를 통해 확산되며 자기 증식을 이어 나갔다.

레고 경영진은 이 사태에 당혹감을 감추지 못하며 격분했다. 당시 마인드스톰 개발을 담당했던 레고의 솔렌 룬드는 이렇게 회상했다.

"경영진은 레고 브랜드의 이미지가 훼손되고 개발 중인 상품과 경쟁하게 될 것을 우려했다."

한때는 대대적으로 개조된 소프트웨어를 배포하는 사용자들에게 항의문을 보내고 소송도 불사하는 등 강경하게 대응하기 위한 방법도 검토했다고 한다.

룬드는 이렇게 이야기했다.

"레고는 학생들이 자신들을 뛰어넘는 훌륭한 아이디어를 가지고 있다는 사실을 인정하고 싶지 않았다. 그것은 자신들의 패배를 인정하는 것과 다를 바 없었기 때문이다. 제품 개발과 관련하여 자신들이 사용자보다 열등하다는 것을 절대 인정할 수 없었다."

하지만 속속 생겨나는 소프트웨어를 보면서 점차 현실을 받아들여야 한다는 의견이 나왔다.

부정행위로 여겨졌던 프로그램 개조는 전혀 줄어들지 않았다. 하지만 동시에 흥미로운 사실이 드러났다. 프로그램을 스스로 개조할 수 있다는 자유도에 매료되어 폭넓은 사용자들이 속속 마인드스톰 개발에 참여하기 시작한 것이다. 그중에는 레고를 가지고 놀지 않았던 사람들도 많이 포함되어 있었다. 어린 시절 레고를 가지고 놀던 사용자가 마인드스톰을 계기로 다시 레고를 손에 쥐는 등 팬의 저변이 급격히 넓어지고 있었다. 사람들은 레고가 생각지도 못한 아이디어를 스스로 개발해 냈다. 레고는 시간이 흐를수록 점차 그 임팩트가 레고에도 큰 메리트가 되지 않을까 생각하게 되었다.

소프트웨어를 개조할 수 있는 권리를 부여하다

레고 경영진은 결국 생각을 바꾸기로 했다. 멋대로 개조되는 프로그램에 경고를 보내는 것을 그만두고 당분간 상황을 지켜보기로 했다. 이후에는 한발 더 나아가 사용자들이 레고 프로그램을 전면적으로 개조하는 것을 정식 승인하기로 했다. 그리고 마인드스톰의 소프트웨어 개조를 장려하여 일부러 '소프트웨어를 개조할 수 있는 권리'를 라이선스에 포함시켰다.

레고의 새로운 방침에 사용자들은 환호했다. 흥미롭게도 방침이 전환된 후 마인드스톰 사용자 수가 급격히 늘어났다. 세계 각지에서 개조된 소프트웨어로 만든 마인드스톰을 공개하는 이벤트가 개최되면서 팬들의 교류는 더욱 활성화되었다. 자체 제작한 프로그램으로 움직이는 마인드스톰 로봇을 가진 팬들은 행사장으로 몰려들었다.

새로운 방침이 유저들에게 받아들여지자 레고도 적극적으로 이러한 이벤트를 응원하기 시작했다. 사용자들의 목소리를 반영하여 제품 전략을 변경한 결과, 팬 커뮤니티는 단숨에 달아올랐다.

사용자들은 레고를 사용하여 자신만의 놀이 방법을 만들어 낼 수 있다. 레고가 보여 주는 놀이 방식은 단지 한 가지 예에 불과하다. 레고는 창업 2대 고트프레드 키르크 크리스티얀센이 제창한 '놀이 시스템'의 본질을 다시금 인식했다. 이에 레고는 팬들의 아이디어를 제품 개발에 접목하는 활동을 더욱 적극적으로 추진해 나갔다.

제품 개발에 팬을 초대하다

'당신을 레고 본사로 초대합니다.'

2004년 미국 인디애나주에 살고 있던 소프트웨어 기술자 스티브 허센플러그Steve Hassenplug는 레고 본사로부터 메일 한 통을 받았다. 단, 수비의무계약에 서명하지 않으면 초청 사유를 설명해 줄 수 없다고 했다. 허센플러그는 열렬한 레고 팬으로, 레고 마인드스톰 팬 커뮤니티에서 상당히 유명한 인물이었다.

허센플러그는 서명을 했고, 레고로부터 놀라운 제안을 받았다. 레고가 그에게 차세대 마인드스톰 개발 협조를 요청한 것이다. 게다가 놀랍게도 그가 예상한 것보다 개발 과정에 폭넓게 관여할 수 있었다. 또한 제품화에 도달한다면 개발자 중 한 명으로 이름이 남는다고 했다. 팬으로서 이보다 명예로운 제안이 있을까?

1990년대 후반 마인드스톰은 2세대 개발을 시작했다. 이때 레고는 새로운 실험을 시도했다. 그것은 바로 허셴플러그와 같은 열렬한 레고 팬들을 개발 멤버로 참여시킨 것이다. 허셴플러그를 포함하여 4명의 사람이 레고의 초대에 응했다. 레고는 별도의 보수는 제공하지 않았고, 레고 제품 개발 멤버 중 한 명으로서 실제 현장을 경험하게 하는 것을 가치로 제공했다.

4명의 카리스마 넘치는 레고 팬들은 개발에 많은 시간과 열정을 쏟았다. 마케팅 책임자 쇠렌 룬드Søren Lund는 이렇게 회상했다.

"그들은 부품, 소프트웨어, 구동 구조 등 모든 면에서 유익한 제안을 해 주었다."

그들의 의견은 대부분 매우 정확했고, 이로 인해 레고 디자이너들은 큰 자극을 받았다. 약 1년의 개발 기간 동안 주고받은 메일은 수천 통에 달했다. 부품과 소프트웨어 세부 사항에 이르기까지 그들의 목소리가 반영된 제품은 2006년 8월 정식 출시되었다. 출시된 2세대 마인드스톰 'NXT'는 팬들이 실제 개발에 관여한 제품으로 주목받으며 약 100만 세트가 판매되었다.

세계의 유명 건축물을 레고 작품으로

레고는 이후에도 팬들의 아이디어를 제품 개발에 접목하여 끊임없이 히트 상품을 만들어 냈다. 2008년에 출시한 '레고 아키텍처'도 레고 애호가들의 기발한 발상이 기점이 되었다.

미국인 건축가 아담 리드 터커Adam Reed Tucker는 레고를 이용하여 아이들에게 건축 세계를 소개하는 워크숍을 진행하고 있었다. 어린이용 레고로 제작한 세계 유명 건축물을 인터넷에 소개하자 전 세계 많은 사람이 관심을 보였다.

터커의 작품은 너무나도 정교했다. 그 어느 레고 작품과 비교할 수 없을 정도로 아름답고 우아했다. 터커는 작품이 인기를 끌자 시간을 내 레고 팬들의 교류 이벤트 등에 참석해 자신의 작품을 선보였다.

미국 시카고의 시어스 타워(현 '윌리스 타워')와 미국 뉴욕의 록펠러센터 등 터커가 레고로 재현한 작품들은 좋은 반응을 얻었고, 그에 대한 이야기는 이윽고 레고 직원들의 귀에도 들어가게 되었다.

2006년에도 터커는 레고 팬들의 모임에 참석했다. 그리고 그 자리에서 이후에 레고 쿠수를 전개한 스미스 마이어로부터 한 가지 제안을 받았다.

"당신의 작품을 레고의 정식 제품으로 개발해 보지 않겠습니까?"

터커는 매우 놀랐지만 너무나 흥미로운 제안을 받아들이기로 결심했다.

터커는 이렇게 말했다.

"내 취미가 전 세계 팬들의 마음을 움직인다는 이야기에 감동했다. 레고와 함께 그 세계를 더 넓힐 수 있다면 이보다 가슴 뛰는 일이 없을 것이라고 생각했다."

2008년 레고는 2년의 개발 기간을 거쳐 시리즈 첫 번째 제품이 된 '윌리스 타워'를 출시했다. '레고 아키텍처'라는 이름이 붙은 이 시리즈는 검은색을 바탕으로 한 패키지로 어린이용 제품과 차별화되는 고급스러움을 내세웠다.

블록 색상도 흰색, 베이지색, 검정색 등 시크한 색을 선택해 어른들이 사무실에 멋지게 꾸밀 수 있는 레고를 목표로 했다. 결과적으로 레고는 아키텍처 시리즈의 성공으로 기존에 없던 몇 가지 가치를 발굴하게 되었다.

첫째, 새로운 판로를 개척할 수 있었다. '레고 아키텍처'로 인해 미술관과 박물관 등에 레고를 선보일 수 있게 되었다.

새로운 성인 팬층을 확보한 '레고 아키텍처' 시리즈

둘째, 수익성이 향상되었다. 고급스러움을 강조한 '레고 아키텍처'의 평균 단가는 어린이용 제품보다 2.5배 비쌌다. 블록 자체의 제조 단가는 크게 다르지 않았는데, 제품에 매력을 느낀 많은 팬이 구매를 위해 지갑을 열었다.

스미스 마이어는 이렇게 말했다.

"만들어 내는 세계관에 따라 블록의 가치가 높아진다는 사실을 다시금 인식했다."

세계 유명 건축물을 레고로 직접 만들어 본다는 콘셉트는 어린이용 장난감 레고를 어른들이 자기 방에 꾸밀 수 있는 오브제로 거듭나게 했다. 무엇보다 레고는 스토리에 따라 블록의 가치를 더욱더 높일 수 있다는 사실을 재확인했다.

레고 아키텍처는 현재 런던 빅벤과 파리 에펠탑, 도쿄 제국호텔, 로마 트레비 분수 등 50종류 이상으로 확산되며 레고 인기 시리즈로 자리 잡았다.

리드 사용자의 발굴

고전적인 마케팅 이론에 따르면 신제품과 서비스를 보급하는 열쇠를 쥔 것은 팬 중에서도 재빨리 신상품에 달려드는 '이노베이터' 집단이라고 한다. 이노베이터는 소비자의 약 2.5%에 불과하지만, 이들이 시장을 움직이는 전도사 역할을 하는 것으로 알려졌다.

하지만 레고는 이들과 접촉하는 것에 만족하지 않고 레고 마인드스톰의 허셴플러그, 레고 아키텍처의 터커 등과 같이 팬들 사이에서 '신'으로 칭송받는 열성 팬들을 끌어당겨 사내에서는 나올 수 없는 혁신적인 제품 개발을 이어 나갔다.

이노베이터는 어디까지나 사측이 제공하는 제품이나 서비스에 가장 먼저 달려드는 사용자다. 레고는 한발 더 나아가 세계 유수의 열혈 팬들과 연계하여 작품을 개발했다. 최첨단의 팬들도 개발에 참여시켜 함께 이노베이션에 몰두한 것이다. 폰 히펠은 이를 '이노베이터보다 한발 앞서는 리드 사용자의 발굴'이라고 표현했다.

레고는 2세대 마인드스톰의 히트를 전후하여 열성적인 팬들을 조직화하기 시작했다. 그 수는 전 세계에 수백만 명 이상, 커뮤니티만 해도 수천 개에 달하는 것으로 알려져 있다. 또한 팬들의 아이디어를 제품 개발에 도입할 방법을 끊임없이 고민했다.

팬 커뮤니티와의 관계

레고 팬 커뮤니티의 정점에는 '레고 공인 작가'가 있다. 이 타이틀을 부여받은 사람은 전 세계에 21명뿐이다.

그중 한 사람인 미츠이 준페이는 어릴 적부터 레고의 매력에 이끌려 도쿄대학교 재학 시절 레고 애호가들을 모아 '레고부'를 창설했다. 그리고 수년간의 사회인 경험을 거친 뒤 레고 빌더로 독립했다. 지금은 레고 전용 공방을 가지고 있으며, 다양한 클라이언트로부터 레고 오브제 등의 제작을 의뢰받아 일하고 있다. 또한 레고 관련 행사에 참여하기도 하고, 어린이들을 위한 레고 워크숍 등도 진행하고 있다.

미츠이는 이렇게 말했다.

"레고는 우리와 같은 팬들과의 교류를 통해 현장의 모습을 느끼고 사용자들과의 거리를 적절히 유지하고자 한다. 그러한 자세가 팬들의 신뢰로 이어지고 있다."

기업이 고객의 목소리를 수용하는 것은 결코 쉬운 일이 아니다. 지금은 많은 기업이 사용자의 의견을 다양한 형태로 수용해 제품 개발에 힘쓰고 있지만 성공 사례는 매우 드물다.

레고가 일반 사용자들로부터 양질의 아이디어를 모을 수 있는 것은 레고가 강한 브랜드 파워와 많은 열성 팬을 보유하고 있기 때문이라는 의견도 있다. 하지만 레고의 룬드는 그 의견을 부인했다.

"하루아침에 사용자들의 아이디어를 받아들여 성공을 거둔 것은 아니다. 10년 이상의 시간을 들여 고생 끝에 이루어 낸 결과다."

중요한 것은 팬들의 목소리를 닥치는 대로 듣는 것만으로는 좋은 아이디어가 나오지 않는다는 점이다. 레고는 유망한 아이디어를 가진 팬들의 목소리를 효과적으로 끌어올리기 위해 팬들을 피라미드와 같은 계층으로 파악한다.

우선 정점에 군림하는 리드 사용자에게는 '레고 공인 작가'라는 칭호를 부여하고, 때로는 제품 개발에 참여시킨다. 한편, 그 아래에 위치한 '레고 앰배서더'나 일반 팬의 의견은 레고 아이디어 플랫폼을 통해 하나하나 수집한다. 레고는 이와 같은 방법으로 전방위로 아이디어를 모으는 체계를 구조화했다.

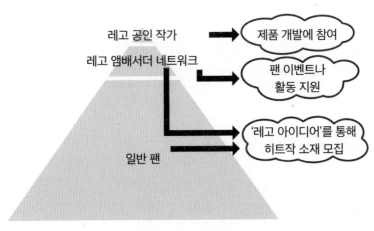

레고 팬 커뮤니티

레고 공인 작가 → 제품 개발에 참여

레고 앰배서더 네트워크 → 팬 이벤트나 활동 지원

일반 팬 → '레고 아이디어'를 통해 히트작 소재 모집

출처: 취재를 바탕으로 필자가 작성

　레고는 사용자와의 관계성도 3가지 단계로 나누어 순서에 따라 거리를 좁힌다. 첫 번째 단계는 바로 매스 마케팅이다. 정량·정성 조사를 통해 소비자의 데이터를 모으고, 그것들을 기반으로 제품을 개발한다. 이는 지금도 주로 사용되는 마케팅 기법이다.

　거기서 사용자와의 거리를 한 걸음 좁힌 것이 '커뮤니티 마케팅', 혹은 '팬 마케팅'이라 불리는 기법이다. 제품이나 서비스에 고정 고객이 생겨 보다 좁힌 팬의 목소리를 모아 제품 개발로 연결한다.

　그리고 고객과의 관계성이 더욱 깊어지면 '사용자 혁신'이라는 단계에 이른다. 기업과 사용자가 하나가 되어 다양한 제품 개발이 가능해진다는 개념이다.

　"우리는 고객의 목소리를 귀 기울여 듣는다."라고 주장하는 기업이 많다. 하지만 실제로는 커뮤니티 마케팅 단계에 있는 경우가 많다. 거리를 좁히려면 사용자와 쌍방향 커뮤니케이션을 반복하는 것이 반드시 필요하다.

폰 히펠은 "사용자와의 관계를 구축하려면 사용자가 자신들보다 뛰어난 아이디어를 가지고 있다는 사실을 인정하는 것이 중요하다." 라고 이야기했다. 그러한 인식이 없으면 사용자에게 이노베이션을 맡기기 어렵기 때문이다.

조합, 경쟁의 메인 무대

여기서 한 가지 의문이 든다. 과연 기업은 반드시 사용자 혁신을 실천해야 하는 것일까? 사용자 혁신은 어디까지나 신제품이나 새로운 서비스를 개발하는 하나의 수법에 지나지 않는다. 만약 기업이 충분한 기술력을 갖추었고, 압도적인 제품력으로 고객을 사로잡을 수 있다면 굳이 사용자의 목소리를 수렴할 필요가 없을지도 모른다. 사실 지금까지의 시대는 그랬다.

그런데 사업 환경은 크게 변화하고 있다. 인터넷을 통해 정보가 순식간에 퍼져 비용 경쟁이 자연스럽게 국경을 초월했다. 이러한 상황에서 기술적인 어드밴티지를 장기간에 걸쳐 유지할 수 있는 기업은 많지 않다.

오히려 기술은 단계적으로 범용화되고, 제품은 여러 범용 부품들의 조합으로 성립하는 케이스가 증가하고 있다. 토요타자동차와 폭스바겐그룹 등이 도입한 모듈 전략이 대표적인 사례다. 섀시, 엔진, 변속기 등의 부품을 레고처럼 조립하여 자동차를 개발·생산하는 기법은 이제 대부분의 자동차 회사가 사용하는 보편적인 방법으로 자리 잡았다.

소프트웨어 모듈을 조합한 스마트폰을 비롯해 가전에서도 같은 일이 벌어지고 있다. 하드웨어와 소프트웨어를 불문하고 많은 제품과 서비스가 부품을 조합함으로써 경쟁하는 산업 구조가 되고 있다.

폰 히펠은 이렇게 말했다.

"훌륭한 조합을 할 수 있는가! 그것이 바로 앞으로 기업의 최대 경쟁력이 될 것이다."

레고의 사용자 혁신이 흥미로운 것은 모듈 자체의 가치를 겨루기보다 이를 어떻게 조합하느냐에 따라 가치가 창출된다는 점이다. 레고는 범용화된 상품을 뛰어나게 조합함으로써 경쟁력을 유지하고 있으며, 사용자의 지혜를 최대한 활용하여 그것을 반복적으로 제품화할 수 있는 구조를 만들어 나가고 있다.

이는 상품의 범용화가 불가피한 다른 산업 및 기업에도 큰 시사점을 줄 것이다.

리드 사용자 육성

그렇다면 기업이 사용자 혁신을 위한 전략을 시작하는 경우, 무엇부터 손을 대는 것이 좋을까? 이에 레고의 룬드는 "우선 리드 사용자를 육성해야 한다."라고 말했다.

보통 고객의 의견을 듣는 것만으로는 진정한 니즈가 보이지 않는다. 오히려 사용자의 진짜 속마음을 듣지 못하고 실패할 수도 있다. 사용자와의 커뮤니케이션은 경영자에게도 적지 않은 부담을 준다. 고객과의 거리를 좁힌다는 것은 고객의 목소리를 경영자가 직접 듣는 일이기도 하기 때문이다.

실제로 레고에서는 CEO를 비롯한 경영진이 팬들과 메일을 주고받고, 직접 교류할 기회를 마련한다. 닐스 크리스티얀센은 부담감도 있지만 그 이상의 대가를 얻는 경우가 많다고 이야기하며 이렇게 말했다.

"건설적인 목소리도 있지만 그중에는 제품에 대한 따가운 지적도 있다. 중요한 것은 이에 진지하게 대응하는 것이다."

정직하고 정확하게 대응하면 고객과의 거리를 좁힐 수 있다. 그것이 사용자 혁신의 첫걸음이 된다.

그리고 마지막으로 필요한 것은 '기업으로서 사용자에게 무엇을 제공하고 싶은가' 하는 메시지다. 즉, 사용자 혁신의 첫걸음은 기업으로서 사용자에게 어떠한 가치를 제공할 것인지를 되묻는 작업이기도 하다.

레고는 과감하게 구조조정을 단행하고, 가치를 지속적으로 창출하는 이노베이션 모델을 확립했다. 이러한 시책을 원동력으로 실적은 회복세를 보였다. 2010년 레고의 매출액은 160억 덴마크 크로네(약 3조 900억 원) 수준에 도달했다. 2008년 세계를 강타한 글로벌 금융위기에도 큰 영향을 받지 않았다. 이는 레고의 경영 체제가 견고해졌다는 증거다. 마침내 레고는 끊임없는 노력으로 위기를 극복했으며, 재활을 통해 글로벌 시장에서 경쟁할 수 있는 체력을 되찾았다.

에릭 폰 히펠
(MIT 교수)

레고는 아직 사용자 혁신
에 대한 각오가 부족하다

1941년 8월 출생. 1970년대에 '사용자 혁신'을 제창했다. 제품이나 서비스 혁신은 기업뿐 아니라 제품이나 서비스의 사용자로부터 비롯하는 경우가 있음을 실증했다. 《소셜 이노베이션》 등의 저서는 전 세계 많은 사람들의 사랑을 받았다.

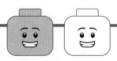

Q. 교수님이 제창한 '사용자 혁신'이란 어떤 개념인가요?

A. 단적으로 말하면 혁신은 제품 및 서비스를 만드는 주체인 기업이나 연구소뿐 아니라 이를 사용하는 주체인 사용자에게서도 일어난다는 것입니다.

'혁신 연구의 대가'라 불리는 조지프 슘페터Joseph Schumpeter를 비롯하여 많은 연구자가 혁신은 기업이나 연구소에서 탄생한다는 것을 전제로 했습니다. 그런데 조사를 해 보니 반드시 그렇지도 않았습니다. 오히려 사용자가 기성품으로는 만족되지 않는 욕구를 충족시키기 위해 제품 및 서비스를 개량하거나 창조하는 케이스를 볼 수 있었습니다. 그것은 기업이라는 조직 밖에 있는 다양한 가치관을 가진 소비자들에 의해 주도되고 있었습니다.

흥미로운 것은 한 소비자가 일으킨 제품의 개량은 때로는 다른 소비자의 니즈도 충족시킬 수 있다는 점입니다. 그러한 일정 수의 소비자에게 이익을 가져다주는 제품이나 서비스로부터 사용자 혁신이 시작됩니다. 1990년대에 들어서면서 인터넷 기술의 확산으로 사용자 혁신의 분위기가 더욱 고조되었습니다. '오픈 소스'라는 말이 유명해지면서 모두 함께 무언가를 만들어 내는 '공동 가치 창조'라는 개념이 급속히 확산되었죠. 미국의 쓰리엠3M과 프록터앤드갬블P&G 등의 대기업들도 전략적으로 사용자 혁신에 나서면서 세계적으로 주목을 받게 되었습니다.

Q. 레고의 사용자 혁신도 팬들을 개발에 참여시켰습니다. 어떻게 생각하시나요?

A. 잘 도입한 것 같아요. 레고는 여러 가지 방법으로 사용자 혁신에 임했습니다. 하나는 '레고 마인드스톰'처럼 사용자가 개발에 참여할 수 있는 구조를 만든 것이고, 또 하나는 크라우드펀딩 같은 '레고 아이디어'를 도입한 것이죠.

다만, 레고도 아직은 사용자 혁신의 메리트를 최대한으로 살리고 있다고 말할 수는 없습니다. 좀 더 적극적인 자세를 취하면 사용자의 아이디어를 접목시킨 제품을 더욱 많이 내놓을 수 있을 것입니다. 레고 아이디어에서 나오는 제품은 1년에 10개 정도라고 들었어요. 이를 개방하면 분명 300여 개의 아이디어가 금방 모일 것입니다.

Q. 그렇다면 레고는 왜 더욱더 적극적으로 움직이지 않는 것일까요?

A. 간단해요. 사용자 혁신이 너무 늘어나면 사내 디자이너들의 일자리가 사라지기 때문이죠. 물론 레고 경영진은 사용자를 통한 제품

개발의 수를 늘리는 것을 검토하고 있을지도 모릅니다. 하지만 현장에 의견을 묻는다면 '품질을 유지할 수 없다', '뛰어난 아이디어가 지속적으로 나오지 않는다' 등 반대 이유는 얼마든지 나올 것입니다.

사용자 혁신 비율을 억지로 높이면 디자이너의 동기부여가 저하될 수도 있습니다. 즉, 사용자 혁신이란 일종의 자기모순을 조직이 항상 안고 있는 것이라고 말할 수 있어요.

Q. 디자이너를 비롯한 레고 직원들이 의식을 바꿀 필요가 있겠군요.

A. 맞아요. 그러나 말하기는 쉽지만 행하기는 어렵습니다. 예를 들어, 미디어 업계도 비슷한 현상이 일어날 것입니다. 출판사나 신문사가 사용자 혁신을 검토한다고 가정해 볼까요? 그것은 일반 독자에게 우리 회사의 브랜드를 사용해도 좋으니 좋아하는 기사를 써 달라고 의뢰하는 것과 같습니다. 언론업계에서 경력을 쌓아온 경영자가 과연 그런 일을 허용할까요?

잠시만 생각해 보아도 얼마나 어려운 도전인지 감이 잡힐 것입니다. 다른 많은 기업도 비슷한 문제로 고민하고 있습니다. 다만, 제 연구에 따르면 사용자 혁신을 활용하면 제품이나 서비스는 더욱 좋아질 것입니다. 나아가 사용자 혁신은 조직에서 일하는 개개인의 가치관에도 큰 영향을 미칩니다. 앞서 든 예로 이야기하면 기자라는 직함을 가지고 있는 이상, 외부인이 자신보다 뛰어난 기사를 쓴다는 것을 인정하기는 매우 어려울 테니까요.

이러한 시각에서 보면 레고는 사용자 혁신을 매우 잘 도입한 기업이라고 할 수 있습니다. 다만, 제가 보기에는 아직 각오가 부족합니다. 역시 기존 자산인 디자이너의 일을 줄일 수는 없는 것이죠. 레고조차 이러하니 레거시(유산)가 있는 기업이 사용자 혁신을 도입하는 것이 얼마나 힘든지 알 수 있을 것입니다.

Q. 레거시를 가진 기업의 의식을 바꿀 수는 없을까요?

A. 쉽지 않은 것은 분명합니다. 거듭 말씀드리지만 기업이 성공적인 사용자 혁신을 원한다면 '우리는 모든 것을 알고 있다'라는 의식을 바꾸는 것이 우선입니다.

얼마 전에 이런 일이 있었어요. 한 대형 자동차 업체가 사용자 혁신을 주제로 한 업계 행사에서 강연을 했습니다. 그들은 자신들이 사용자보다 더 많은 것을 알고 있다고 생각했고, 자신들이 생각하는 '미래의 자동차'에 대해 이야기했습니다. 행사 참가자들은 자동차 업체가 혁신의 협업 상대로 보고 있는 사용자들이었습니다.

담당자가 1시간 정도 강연을 했는데, 전 기능 모두 사용자가 이미 실현한 것들이었습니다. 참가자들은 흥미를 잃은 듯했어요. 참다못한 한 유저는 "당신의 아이디어는 이미 대부분 실현되고 있습니다."라고 지적했죠. 그러자 그 담당자는 화를 냈습니다. 자신들이 사용자보다 낫다는 착각에 빠져 있었던 것이죠. 이는 자동차 업체에만 국한된 것이 아닙니다. 역사가 길고 강한 제품을 가진 기업일수록 의식을 바꾸기가 매우 어렵습니다.

대학에도 무료 강의라는 것이 있어요. 온라인으로 수업 내용을 전하는데, 적지 않은 교수가 이를 달가워하지 않습니다. 부끄러워서가 아니라 자신의 수업이 무료로 배포되는 것이 마음에 들지 않아서죠. 과거의 방식으로 똘똘 뭉친 레거시가 된 기업은 정말 주의해야 합니다.

레고를 통해서도 알 수 있듯 사용자 혁신이란 처음부터 계획해서 목표에 도달하는 것이 아닙니다. 경영 위기 등으로 인해 결과적으로 향하게 되는 측면이 있죠. 실행을 위해서는 경영자의 강한 의지가 필요합니다. 사용자의 힘을 활용하는 것을 기회로 삼아 새로운 스테이지를 개척할 것인지는 기업의 결단에 달려 있습니다.

기업은 사용자가 자발적으로 나서서 임하는 혁신을 막을 수 없습니다. 그러한 개량이 기업에 반드시 마이너스가 되는 것은 아닙니다. 오히려 기업이 사용자의 의견을 잘 수렴한다면 성장을 촉진할 큰 가능성이 있죠. 그 사실을 빨리 깨달아야 합니다.

THE LEGO STORY

레고는 놀면서 창의성을 키우는 학습 교재로 인기가 매우 많다.

6장

놀이를 통해
배우는 창조적 사고

레고는 한때 존망의 위기에 몰렸지만 블록의 가치를 되물으며 다시 많은 사람들의 지지를 받게 되었다. 레고는 완구로서의 가치를 추구하면서도 일찌감치 블록을 조립하는 행위가 단순한 재미 이상의 의미를 지닌다는 사실을 깨닫고 있었다. 아이들은 놀이를 통해 안전하게 자신의 힘을 시험하고, 자신감과 창의성을 키운다. 그리고 이것이 더 큰 탐구심을 함양하도록 이끈다.

레고가 배움을 촉진하는 학습 도구로서 꽃을 피우게 된 계기는 1984년 창업 3세인 켈 키르크 크리스티얀센이 TV에서 우연히 본 한 교육 프로그램이었다.

MIT 미디어랩 유명 교수와의 만남

그 프로그램은 아이들이 컴퓨터를 즐겁게 조작하고 있는 모습을 보여 주었다. 아이들은 그림을 그리거나 놀이기구를 디자인하거나 레고 같은 블록을 조립하는 등 각자의 창작 활동에 열중하고 있었다. 그러던 중 카메라가 가운데에 앉은 덩치 큰 남자를 가리켰다. 턱수염 사이로 보이는 하얀 치아가 참으로 인상적이었다. 남자는 TV 인터뷰 진행자에게 손짓 발짓을 해가며 컴퓨터와 교육의 미래에 대해 열정적으로 이야기했다.

"컴퓨터의 훌륭한 점은 그동안 흩어져 있던 경험을 동시에 할 수 있게 해 준다는 데 있다. 컴퓨터 프로그램은 미술, 수학, 분석, 이론 등 모든 것을 하나로 연결해 준다."

교육에서 가장 중요한 것은 무언가를 가르치는 것이 아니다. 아이들이 무엇에 관심을 보이고 깊은 흥미를 갖는지 관찰하는 것이다. 남자는 아이들이 흥미를 잃지 않을 테마를 찾는 것이야말로 교육의 본질이라고 호소했다.

"아이들은 우리가 무언가를 가르치려 하지 않아도 스스로 알아서 시도하면서 많은 것을 배운다. 놀면서 동시에 배우기도 하는 것이다. 그래서 교육은 설명에 많은 시간을 할애하는 것이 중요하지 않다. 아이들과의 유대를 얼마나 돈독히 해 나갈 것인지를 더 중요시해야 한다."

켈 키르크는 남자의 인상과 말투는 물론이고, 그가 주장하는 '놀면서 배운다'라는 발상에 강하게 이끌렸다. 자신 역시 같은 생각을 하고 있었기 때문이다. 켈 키르크는 즉시 그 남자를 찾을 것을 지시했다.

TV 프로그램에 출연한 사람은 시모어 페퍼트Seymour Papert라는 인물이었다. 그는 미국 매사추세츠공과대학교의 연구기관인 MIT 미디어랩에 소속되어 있는 매우 유명한 교수였다.

아이는 경험을 통해 배운다

페퍼트는 그동안 자녀교육에 관한 연구를 꾸준히 해 왔다. 1928년 남아프리카공화국에서 태어나 영국 케임브리지대학교에서 수학 연구에 종사한 뒤 스위스 제네바대학교로 옮겨 발달심리학을 공부했다. 스위스 연구원 시절에는 어린이 인식학으로 세계적으로 유명한 장 피아제Jean Piaget와 책상을 나란히 둔 사이였다.

그는 1963년 유럽을 떠나 MIT로 자리를 옮겼고, 그 후 20년 동안 보스턴에서 아이들의 학습과 인지에 관한 연구를 했다. 그의 이름은 이미 미국 교육계에 널리 알려져 있었다.

페퍼트는 아이의 학습에 관한 명쾌한 신념을 가지고 있었다. 그것은 바로 '아이는 경험을 통해 배운다'라는 것이었다. 사람은 마음속에 내재된 경험을 형상화해야 비로소 인식하고 학습한다.

페퍼트의 이론에 따르면 아이는 어른이 무언가를 가르치는 것보다 스스로 학습할 때 훨씬 더 깊이 배울 수 있다. 따라서 중요한 것은 아이들의 흥미를 유발하여 손에서 놓지 않을 매력적인 교재를 준비하는 것이다.

페퍼트는 늘 이렇게 말했다.

"교재와 아이가 사랑에 빠지는 정도가 되지 않으면 깊은 배움이 일어날 수 없다."

사람은 손을 움직여 무언가를 만듦으로써 내재된 이미지나 심리를 구축한다. 페퍼트는 놀이를 통해 누구나 경험 가능한 행위를 '구성주의Constructivism'라는 명칭으로 이론을 전개하고 있었다.

이러한 페퍼트에게 레고는 매우 흥미로운 장난감이었다. 레고는 누구나 쉽게 조립할 수 있으며 자유롭게 머릿속 세계를 현실로 표현할 수 있기 때문이었다. 그는 무엇보다 아이들이 정신없이 노는 모습에 관심을 가졌다.

1970년대 말 페퍼트는 레고를 사용한 실험을 시작했다. 컴퓨터와 레고를 조합하여 아이들에게 새로운 교재를 만들어 주려고 생각한 것이다. 1967년 페퍼트는 같은 수학자이자 AI의 권위자인 마빈 민스키Marvin Minsky와 함께 MIT에 AI 연구소를 설립했다. 페퍼트는 그곳에서 아이가 컴퓨터로 다양한 도형을 그릴 때의 사고 과정을 연구했고,

그 성과 중 하나로 'LOGO'라고 부르는 교육용 프로그래밍 언어를 개발했다.

그리고 1985년 페퍼트는 컴퓨터 사이언스 분야의 대가로 알려진 니콜라스 네그로폰테^{Nicholas Negroponte} 등이 창설한 MIT 미디어랩의 창립 멤버에 이름을 올렸다. 오래전부터 준비한 레고를 조작하는 완구 개발 프로젝트를 본격적으로 시작한 것이다.

레고와의 공동 연구로 나온 성과

켈 키르크가 TV에서 그를 보았을 때, 페퍼트는 마침 프로그래밍을 할 수 있는 레고 개발을 진행하고 있었다. 그는 MIT뿐 아니라 인근 터프츠대학교 등과도 뜻을 모아 많은 시행착오를 겪으며 레고 블록을 프로그래밍 언어로 조작할 수 있는 교재를 만들고 있었다.

팀 내에서는 시제품이 몇 개 완성되었지만 개발을 더 진행하려면 레고의 협력이 반드시 필요했다. 당시 프로젝트에 참여하고 있던 MIT 미디어랩 교수 미첼 레즈닉은 이렇게 회상했다.

"레고를 이용한 프로그래밍 구상은 순조롭게 진행되고 있었지만, 모두가 레고와 한 번 접촉할 필요가 있다고 느끼고 있었다. 그러던 중에 레고 간부가 우리를 만나고 싶다는 편지를 보내와 모두 얼마나 놀랐는지 모른다."

첫 만남을 가진 페퍼트와 켈 키르크는 그 자리에서 바로 뜻을 모았다. 켈 키르크는 페퍼트가 진행 중인 연구에 대해 이야기를 들은 뒤 즉시 지원을 결정했고, 레고가 출범시켰던 '레고 닥타(현 '레고 에듀케이션')'라는 교재 개발 부문과의 연계를 시작했다.

레고와 페퍼트가 공동 연구를 시작한 후 첫 성과가 나온 것은

1987년이었다. 그해 레고가 발표한 '레고 TC LOGO'는 LOGO 프로그래밍 언어를 사용하여 모터 등 기구가 들어간 블록을 움직이게 하는 제품이었다. 그것은 레고 블록과 컴퓨터를 결합한 독특한 레고 작품이었다.

페퍼트의 구상을 기반으로 한 레고 블록 개발은 더욱 진화했다. 1990년대에 들어서면서 컴퓨터의 성능이 향상되고 소형화되면서 블록 안에 컴퓨터 기능 자체를 내장하는 것이 가능해졌다. 페퍼트는 이 같은 블록을 '인텔리전트 블록'이라 부르며 레고와의 공동 개발을 더욱 가속했다.

인텔리전트 블록 구상은 이후 1998년에 출시한 레고 마인드스톰으로 결실을 맺었다. 레고 TC LOGO보다 훨씬 복잡한 동작을 할 수 있게 되었고, 프로그래밍 언어로 레고를 조작하는 자유도 현격히 넓어졌다.

레고와 프로그래밍의 조합은 교재로서 높은 인기를 자랑하며 고등학교와 대학 등에서 폭넓게 활용되었다. 레고 마인드스톰은 완구로서도 레고 유수의 히트 상품이 되었고, 나아가 레고의 사용자 혁신 개발의 밑바탕이 되었다. '마인드스톰'이라는 제품명은 페퍼트에게 경의를 표하기 위해 그가 1980년에 발표한 서적의 제목을 따서 지어진 것이다.

레고 블록을 프로그래밍 언어로 움직이는 아이디어는 교육 완구로서 레고의 위상을 높여주었다. 무엇보다 레고는 페퍼트와의 만남을 통해 'Learning through play(놀면서 배운다)'라는 콘셉트에 구성주의라는 이론적 지주를 얻게 되었다.

'인간은 손을 움직이면서 물건을 만듦으로써 내재하는 이미지나 심리를 구축할 수 있다.'

레고는 이 이론을 바탕으로 아이들뿐만 아니라 폭넓은 세대의 사람들이 배우고, 깨닫고, 자기 인지를 하기 위한 도구로 놀이를 활용하도록 만들었다.

조립하며 자라나는 창의적 사고

그렇다면 실제로 레고 블록 조립으로 얻을 수 있는 배움이란 대체 무엇일까? 서장에서 언급한 오리 조립 에피소드를 떠올려 보자.

레고 브랜드 그룹의 회장인 요안 비 크눗스토프는 프레젠테이션을 하면서 참가자들에게 6개의 블록을 나누어 준 뒤 제한 시간 내에 오리를 조립해 볼 것을 제안했다. 이때 크눗스토프는 레고의 무한한 조합 가능성을 보여 주었는데, 사실 이 '오리 챌린지'는 레고 블록이 키우는 창의적 사고를 설명하는 데도 안성맞춤이다.

레고의 교육 개발 연구를 총괄하는 레고 파운데이션(레고 재단)의 보 스티얀 톰센Bo Stjerne Thomsen은 이렇게 말했다.

"창의적으로 생각하기란 단일 능력이 아니라 다양한 소양의 조합이다. 정해진 답이 없는 가운데 프로세스에 집중하여 조립과 분해를 반복함으로써 복합적으로 그것들을 획득하는 것이다."

오리 조립으로 길러지는 창의적 사고력은 크게 6가지인데, 모두 레고를 가지고 놀면서 배운다는 것을 알 수 있는 중요한 소양이다. 조립 과정을 돌아보면서 정리해 보자.

① 주머니를 열고 6개의 블록을 꺼내 각각의 색깔이나 모양, 크기 등을 빠르고 정확하게 인식하는 힘: 이는 '공간인식Spatial Ability'이라 불리며, 머릿속에서 사물의 모양이나 관계를 시각화한다. 이 능력은 수학과 과학의 이해에 필수로 여겨진다. 이때 파악한 각 블록의 특징이 마음속에 그리는 오리를 조립할 때 전제가 된다.

② 모양이 다른 블록을 자신이 상상하는 오리의 날개나 부리 등에서 찾아내는 힘: 이는 '상징적 표상Symbolic Representation'이라 불리며, '이 블록은 오리의 몸통 부분이 될까' 등 마음속에서 구체적인 블록을 표현하는 과정에서 단련된다. 사고와 문제 해결 등 인지 활동에 필수적인 능력이다.

③ 실제로 이미지화한 오리를 어떻게 조립할 것인지 구체적인 순서를 정하고 계획하고 실제로 수행하는 힘: 이는 '실행 기능Executive Function'이라 불리며, 중간에 막혀도 다시 블록을 재조립하여 행동, 사고, 감정을 제어하면서 조립하는 힘을 길러 준다.

④ 조립 중에 딴생각을 하지 않고 끝까지 의식을 이어 가며 작업하는 힘: '집중력Concentration'을 단련한다.

⑤ 60초 안에 완성해야 한다는 압박감에 짓눌리지 않고 의식을 집중하여 제한 시간 내에 오리를 조립하는 힘: '자기 억제Self Regulation'를 높인다.

⑥ 완성된 오리를 주위 사람들과 서로 보여 주면서 자신의 작품을 객관적으로 설명하는 힘: 주변과의 커뮤니케이션 등 '협조 능력Collaboration'을 높인다.

이외에도 블록 조립은 기억력과 상상력 등을 단련하는 효과가 있다고 알려져 있다. 모두 창의력을 키우는 데 필수적인 요소다.

새로운 과제를 해결하기 위해서는 기존의 틀에 얽매이지 않는 창조력과 그것을 구체적으로 해결하기 위한 논리적 사고가 모두 필요하다. 레고는 좌뇌와 우뇌를 모두 사용한다는 점에서 '체계적 창의성

Systematic Creativity'이라는 표현을 쓰기도 한다.

만드는 사람을 무아지경에 빠지게 하는 레고

물론 이러한 능력을 개발하는 방법은 레고를 사용하는 것 외에도 무수히 많다. 다만, 레고 조립은 다른 것에서는 찾을 수 없는 2가지 특징을 가지고 있다.

첫 번째는 블록을 사용하여 누구나 자신의 생각을 표현할 수 있다는 점이다.

"실제로 손을 움직여 블록을 조립하면 머릿속에 있는 이미지를 더욱 명확하게 떠올릴 수 있다."

톰센의 설명처럼 손을 움직여 레고 모델을 만들어 내는 행위는 종이에 그리기 등 2차원적인 표현 방법보다 훨씬 높은 학습 효과를 가져온다.

회화나 음악도 좋은 표현 수단 중 하나이지만 자신의 의사를 자유롭게 표현할 수 있기까지는 그에 걸맞은 연습이 필요하다. 반면 레고는 누구나 바로 조립하여 생각을 표현할 수 있다. 이처럼 장벽이 낮은 점이 레고가 표현 수단으로서 많은 사람에게 인식되는 이유다.

두 번째는 즐기면서 배울 수 있다는 점이다. 레고 조립은 그 자체가 놀이다. 정신없이 블록을 조립하는 행위가 아이들의 동기부여를 높이고 자신도 모르는 사이에 깊은 학습 수준으로 이끌어 간다.

미국의 심리학자 미하이 칙센트미하이Mihaly Csikszentmihalyi는 이렇게 무아지경에 빠져 시행착오를 겪는 정신 상태를 '몰입Flow'이라고 이름 붙였다. 스포츠 세계 등에서는 종종 '존Zone'이라 불리는 상태인데, 아이가 몰입하도록 함으로써 더욱 깊은 생각을 끌어낼 수 있다.

미국에서는 2000년대부터 과학, 기술, 공학, 예술, 수학, 즉 STEAM^{Science, Technology, Engineering, Art, Mathematics} 교육에 대한 관심이 높아졌다. 다른 분야와 융합하여 배우는 것이 취지이며, 구체적으로 손을 움직여 무언가를 만들고 시행착오를 겪는 프로세스를 학습의 핵심으로 삼고 있다.

무언가를 만들며 거기서 주체적으로 시행착오를 겪는다는 배움은 레고가 지향하는 창조적 사고의 육성과 본질적으로 같다. 단순히 수업을 듣고 외우는 것이 아니라 머릿속에 내재된 아이디어를 실제 물건을 사용하여 형상화하면서 학습하는 교육 방법은 기존에 앉아서 배우는 주입식 학습이 아닌 능동적인 스타일이다. 창의력을 키우는 접근법은 앞으로 더욱 중요하게 여겨질 것이다. 그러한 점에서 레고는 유력한 교육 도구로서 더욱 주목받을 가능성이 크다.

인간의 창조적 사고를 자유롭게 하다

MIT와 레고가 연구한 창조적 사고의 성과는 마인드스톰에서 그치지 않았다. 레고는 블록뿐 아니라 어린이 프로그래밍 세계에도 큰 혁신을 일으켰다. 그 중심에 선 인물은 1999년에 MIT를 퇴임한 페퍼트의 바통을 이어받은 제자이자 동료 레즈닉이었다.

레즈닉은 경제지 〈비즈니스위크〉의 기자였는데, 그 당시 페퍼트를 인터뷰하게 되었다.

"내 목표는 모든 아이에게 탐험하고 실험하며 자신을 표현할 기회를 제공하여 사회에서 활약할 수 있는 창조적 지식인^{Creative Thinker}으로 키우는 것이다."

페퍼트는 레즈닉과의 인터뷰에서 미래의 교육에 대해 정열적으로 이야기했고, 이에 레즈닉은 큰 자극을 받았다.

'이것이야말로 내가 하고 싶었던 일이다!'

평소 교육에 관심이 많았던 레즈닉은 기자를 그만두고 페퍼트의 제자로 들어가기로 결심했다. 그리고 자신의 바람대로 MIT 연구원이 되었고, 창조적 사고를 주제로 한 교육 연구에 몰두했다.

레즈닉의 관심사는 '사람은 인생의 어느 시기에 창조적 사고를 가장 많이 발달시킬 수 있는가'였다. 레즈닉은 연구를 거듭하면서 그 시기는 바로 어린 시절이라고 결론지었다.

"유치원생들은 자유로운 발상으로 놀고 만들며 친구들과 함께 무언가를 기획한다. 손이나 몸을 움직이며 다양한 창작 활동에 몰두한다. 하지만 안타깝게도 사람은 성장하면서 그러한 능력을 잃어 간다. 그러나 앞으로의 시대에는 어른이 되어서도 계속 호기심을 가지며 유치원생과 같은 창의성을 발휘하는 능력이 요구될 것이다."

레즈닉은 인간의 창조적 사고를 자유롭게 하기 위한 활동을 '라이프롱 킨더가든Lifelong Kindergarten'이라고 이름 붙였다. 말 그대로 어린 시절의 창의력을 유지하는 중요성을 연구하는 것이다. 그리고 프로젝트의 하나로 어린이를 위한 새로운 프로그래밍 언어 개발에 나섰다.

페퍼트가 개발한 'LOGO' 이후 이를 대체할 만한 새로운 어린이용 프로그래밍 언어가 등장하지 않았다. 그러나 LOGO는 시간이 흐를수록 사용하기 어려운 점이 보이기 시작했다. 예를 들어, LOGO 프로그래밍 언어는 명령어를 터미널에 하나하나 입력하며 명령해야 했다. 그러나 2000년대 이후에는 마우스로 직관적으로 조작하는 GUI(그래픽 사용자 인터페이스)가 주류를 이루었다.

레즈닉은 이렇게 회상했다.

"LOGO의 콘셉트는 무척이나 멋졌지만, 2000년대에는 구형이 되었다."

LOGO를 진화시켜 시대에 맞게 직관적으로 조작할 수 있는 새로운 프로그래밍 언어가 필요했다.

프로그래밍 언어 '스크래치' 개발

2000년대 초반 레즈닉을 리더로 하여 LOGO의 콘셉트는 유지하되, 최신 기능을 담은 언어를 개발하는 프로젝트가 시작되었다. 개발 과정에서 레즈닉이 큰 영감을 받은 것은 레고 블록이었다. 레즈닉은 '아이들이 직관적으로 프로그래밍을 이해하도록 하려면 어떻게 해야 하는가'라는 과제에 직면해 있었다. 그때 레고를 만지작거리며 프로그램이란 레고 블록의 조합과도 같은 것이라는 사실을 깨달았다.

예를 들어, 화면에 그린 토끼 그림을 오른쪽 대각선 위로 움직이고 싶은 경우 그 순서를 블록으로 분해하여 지시하면 '오른쪽으로 이동', '위로 이동'이라는 2가지 블록 조합이 된다. 지시 사항을 블록에서 찾아내 순서대로 나열함으로써 논리적 사고를 알기 쉽게 시각화한 것이다.

레즈닉은 이렇게 말했다.

"프로그래밍은 디지털 블록을 조립하는 것과 같다. 레고의 기본적인 놀이 방법이 프로그램 전체의 기초가 되었다."

2007년 '스크래치'라고 명명한 프로그래밍 언어가 완성되었다. 아이들의 니즈에 맞추어 사진이나 음악을 접목한 것 외에도 SNS 시대에 대응하기 위해 네트워크상의 다른 유저와 프로그램을 공유하는 기능도 탑재했다. 레즈닉은 이를 무료 오픈 소스로 공개했다. 가능한 한 많은 아이가 창의적 사고를 지니길 바라는 마음이 강렬했기 때문이다.

프로그래밍 교재의 표준이 되다

스크래치는 순식간에 어린이용 프로그래밍 언어로 인기를 끌면서 교육 현장에서 사실상 표준 교재의 지위를 차지하게 되었다. 게다가 미국 애플Apple의 아이패드 등 태블릿 단말기가 등장한 이후에는 더욱 어린 아이들을 위한 '스크래치 주니어' 등도 개발되었다. 현재 스크래치 등록 유저는 전 세계적으로 7,800만 명(2021년 10월 기준)이 넘는다.

레고는 이와 같은 성과를 레고 마인드스톰과 마찬가지로 메인 비즈니스 개발에도 똑똑하게 접목하고 있다. 2017년 레고는 신제품 '레고 부스트'를 발표했다. 태블릿을 사용하여 조립한 레고를 조작하는 마인드스톰의 동생뻘로, 사용하는 소프트웨어 프로그래밍 언어는 스크래치에서 힌트를 얻었다. 2018년 이후 '레고 듀플로' 등에도 태블릿으로 블록을 조작할 수 있는 기능이 추가되었는데, 대부분 스크래치 콘셉트를 기반으로 하고 있다.

MIT 미디어랩과 레고의 관계는 지금도 여전하다. 그들은 스크래치 프로젝트를 확장함과 동시에 레고의 창의력을 촉진하는 교육을 보급하는 데 힘쓰고 있다.

페퍼트의 구성주의 이론은 단어 자체는 많이 알려지지 않았지만 본질은 인간이 가진 창조적 사고의 가능성을 단적으로 보여준다.

켈 키르크가 TV에서 우연히 페퍼트를 본 것을 계기로 시작된 MIT와 레고의 교류! 레고에 지대한 영향을 미친 페퍼트는 2016년에 세상을 떠났지만, 레즈닉이 그의 뒤를 이어받아 MIT 미디어랩의 간판 역할을 맡고 있다.

레고는 현재도 MIT와의 성과를 롤모델로 영국 케임브리지대학교와 중국 칭화대학교 등 10여 곳 이상의 교육기관과 자녀교육을 주제로 한 연구를 이어 가고 있다. 직접 손을 움직여 무언가를 만들고 시행착오를 겪는 과정을 통해 배우는 창조적 사고는 시간이 흐를수록 더욱 중요해질 것이다.

레고 교육의 가치를 느끼는 것은 아이들뿐만이 아니다. 레고는 사회인 대상 교육 및 기업의 전략 수립 도구로도 주목받고 있다. 다음 장에서 그에 대해 더욱 자세히 알아보도록 하자.

미첼 레즈닉
(MIT 미디어랩 교수)

창조적 사고의 깊이를 더하는 레고

1956년 6월 출생. MIT 교수였던 시모어 페퍼트의 비전인 '모든 아이에게 창조적 기회를 제공한다'라는 말에 감명을 받아 기자에서 학자로 전향했으며, '레고 마인드스톰' 개발에 참여했다. 2007년 어린이용 프로그래밍 언어 '스크래치'를 개발했고, MIT 미디어랩에서 유아 시절의 창조성에 착안한 연구 '라이프롱 킨더가든' 프로젝트를 지휘했다.

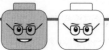

Q. 창조적 사고의 중요성이 점점 더 커지고 있습니다. 어떻게 생각하시나요?

A. 지금처럼 창의력이 많이 요구되었던 시대는 없었습니다. 인터넷, AI 기술의 진화는 교육의 세계를 극적으로 바꾸고 있습니다. 어제의 상식이 내일은 통하지 않죠. 불투명한 미래를 헤쳐나가기 위해서는 기존의 틀에 얽매이지 않는 발상이 필요합니다.

저는 불확실성의 시대를 헤쳐나가는 여러 가지 소양 중에서 창의성이 가장 중요한 능력이 될 것이라고 확신합니다. 앞으로 우리가 담당하게 될 일들은 창의성이 더욱 요구될 것입니다. 크리에이티브의 반대는 루틴인데, 루틴한 업무는 아마 로봇이 담당할 것입니다.

인간은 앞으로 루틴한 업무로는 가치를 창출할 수 없게 될 가능성이 크죠.

그렇다면 창의성을 어떻게 높여야 할까요? 저는 MIT 미디어랩에서 '라이프롱 킨더가든'이라 부르는 프로젝트를 통해 이 능력에 대해 계속 연구를 해 왔습니다.

Q. 라이프롱 킨더가든은 어떤 활동인가요?

A. 매우 단순합니다. 인간의 창조성은 유치원에 다니는 시기에 가장 활발하다는 가설을 검증하는 것입니다. 이 시기에 인간은 틀에 박히지 않은 자유로운 발상이나 활동을 합니다. 블록으로 성을 만들기도 하고, 크레파스로 그림을 그리기도 하고, 즉흥적으로 노래를 만들어 부르기도 하죠. 여러 가지에 관심을 갖고 사회적 틀에 얽매이지 않고 자신의 마음과 아이디어를 자유롭게 표현합니다.

그런데 안타깝게도 인간은 성장하면서 이런 창조성을 잃어 갑니다. 가장 큰 이유는 바로 교육입니다. 읽기, 쓰기, 계산하기 등 이른바 지식기억형 공부가 늘어나면서 창의성보다는 암기가 교육의 중심이 되기 때문이죠. 그런데 조금 전에 말씀드렸듯 앞으로의 시대에는 잠들어 있는 창조성을 일깨우는 교육이 요구될 것입니다. 인간이 얼마나 유치원에 다닐 때와 같은 창의성을 유지한 채 살아갈 수 있을까! 이것이 바로 프로젝트의 큰 테마입니다.

구체적인 활동으로는 실제 유치원 아이들의 접근법을 추출하여 모든 세대에 통용되는 모델로 보편화하는 것을 목표로 하고 있습니다. 유치원에서 키운 창의력의 핵심 요소를 구체적인 방법론에 녹여 냈습니다.

교육의 관점에서만 창의적인 인간의 중요성을 강조하는 것이 아닙니다. 인생에서 '행복이란 무엇인가'라는 웰빙을 생각하는 계기로도 이어지죠. 자신을 창의적으로 표현할 수 있는 사람은 자기 내면의 목소리를 세계에 알릴 수 있습니다. 무엇을 알릴지 생각하는 기회야말로 인생의 목적 찾기로 이어집니다.

Q. 현재 교육의 과제는 무엇인가요?

A. 현재의 학습 체계에서는 성장함에 따라 창의성이 상실되고 맙니다. 아이들은 초등학교에 진학하면 책상 앞에서 많은 시간을 보냅니다. 선생님의 강의를 듣고, 노트에 필기를 하고, 암기를 해야 하죠. 이렇게 되면 암기에 많은 시간을 할애하게 되어 자발적으로 무언가를 생각할 기회는 줄어들고, 결국 창조적 지식인의 소양을 잃게 됩니다.

Q. 현실 사회에는 창의력을 키우는 구조가 없다고 하셨는데요. 더 자세히 이야기해 주시겠어요?

A. 지금은 교육 시스템 전체가 강한 규율에 따라 움직이는 상황입니다. 저는 이것을 '브로드캐스트(일괄 전달)형 어프로치'라고 부릅니다. 한 선생님이 마치 TV 방송처럼 지식을 일방적으로 다수의 학생에게 전파하는 접근법이죠. 이는 정답이 정해져 있는 지식을 전달하는 데 적합합니다. 가르치는 쪽도 방법이 확립되어 있기 때문에 지금까지의 지식을 반복하여 동일하게 제공하면 일정한 품질을 보장할 수 있는 매우 편리한 시스템이죠. 공장에서 제품을 생산하는 구조와도 비슷합니다.

조심해야 할 것은 아무리 창조적 사고가 중요하다고 가르친다 해도 그것이 브로드캐스트형 교육으로 확산된다면 효과가 떨어진다는 점입니다. 창조적 사고가 중요하다는 것을 기존 사고를 가진 선생님이 말하는 것만으로는 그다지 의미가 없습니다. 가르치는 방식 자체를 바꾸어 선생님과 아이가 쌍방향 소통을 거듭해야 해요.

이를 실현하려면 선생님의 의식과 역할이 크게 바뀌어야 합니다. 쌍방향으로 주고받는 형식에는 기존 교육과 같은 정해진 답이 없습니다. 선생님 자신도 스스로 정답을 찾아내야 합니다. 기존 시스템에 익숙한 사람에게는 큰 도전이겠죠.

Q. STEAM(과학, 기술, 공학, 예술, 수학) 교육의 선진국으로 여겨지는 미국에서도 이것이 문제군요.

A. 지금도 많은 사람이 기존의 교육 시스템을 지지하고 있습니다. 현재의 교육은 정보를 전달하는 데 매우 효율적이기 때문이죠. 한편, 쌍방향으로 주고받는 형식은 효율적이지 않아 보입니다. 아이들과 탐색을 하거나 여러 가지 소통을 해도 그들이 언제 무엇을 배울지 예측할 수 없으니까요.

다만, 아이들이 창조적 사고를 통해 아이디어와 지식을 스스로 발견할 수 있다면 지금까지의 교육과는 비교가 안 될 정도로 강렬한 기억으로 남을 것입니다.

Q. 구체적으로 어떤 방법으로 바꿔 나갈 생각이신가요?

A. 라이프롱 킨더가든의 기본적인 방법으로는 4가지 'P'가 중요하다고 생각합니다. 그것은 바로 Project, Peer, Play, Passion이죠. 아이디어를 실현하기 위해서는 미션을 내걸고 주체적으로 임하는 자세가 필요합니다(Project). 그리고 동료들과 함께 활동하는 공동 작업(Peer)을 통해 위험을 두려워하지 않고 즐긴다는 마음으로 새로운 것에 도전하는 자세(Play)가 필요하죠. 관심 있는 것에 몰두할 때 열정

(Passion)이 생긴다면 인간은 깊은 배움을 얻을 수 있습니다.

Q. 창의적 사고를 키우는 데 레고는 어떻게 도움이 되나요?

A. 창의적 사고를 개발하려면 아이들이 즐겁게 공동 작업을 하는 것이 필요합니다. 그 도구로 레고는 매우 유용하죠. 레고와 MIT 미디어랩은 오래전부터 아이들에게 놀이 경험을 통해 배움을 지원하고자 노력해 왔습니다. 라이프롱 킨더가든도 레고그룹의 지원을 받고 있습니다.

Q. 레고와의 프로젝트가 어린이용 프로그래밍 언어 '스크래치'의 개발로 이어졌군요.

A. 스크래치는 2002년에 개발이 시작되었는데, 초대 레고 마인드스톰이 탄생한 1998년부터 이미 컴퓨터 프로그램으로 아이들에게 새로운 경험을 선사할 아이디어를 만들고 있었습니다.

MIT 미디어랩에는 LOGO라는 아이들용 프로그래밍 언어가 있었습니다. 저의 멘토인 MIT 교수 시모어 페퍼트가 개발한 것이죠. LOGO가 등장하기 전까지 컴퓨터는 아이들에게 너무 어렵다고 생각했어요. 하지만 페퍼트는 아이들도 훌륭하게 컴퓨터로 디자인과 프로그래밍을 할 수 있다는 것을 보여 주었습니다.

그 후 페퍼트와 함께 개발에 참여한 마인드스톰은 대박을 터뜨렸습니다. 레고의 발상에서 저도 큰 영감을 받았습니다. 그것이 스크래치 개발에 활용된 것이죠.

2000년대에 들어서자 LOGO도 시대에 조금 뒤떨어져 있었습니다. 1960년대에 개발한 것이었으니까요. 신택스Syntax나 세미콜론(;)을 어디에 둘 것인지 등 아이들에게는 다소 난해한 순서도 요구되었죠. 그렇다고 Java나 C++은 아이들이 학습하기에는 너무 어려워요.

그래서 저는 아이들이 더욱 간단하게 자신만의 게임과 스토리를 컴퓨터로 만들 수 있는 새로운 방법을 생각하기로 했습니다. 바로 명령어를 레고 블록처럼 조합한다는 아이디어였죠. 프로그램을 블록에서 찾으면 직관적이고 이해하기 쉬우니까요.

요즘 시대에 맞춰 동영상과 사진, 음악을 접목하여 아이들 개개인에게 맞는 프로그램을 만들 수 있도록 했습니다. 소셜 기능도 포함하여 전 세계 어린이들이 서로 자신의 작품을 보여 주고 자극을 주고받을 수 있게 했습니다.

참고로 '스크래치'란 음악의 디스크자키가 여러 소리를 조합할 때 쓰는 말입니다. 아이들의 다양한 아이디어를 조합하여 새로운 음악을 창조할 수 있도록 참신한 아이디어를 만들어 내는 것이 중요하다는 생각으로 그렇게 이름을 지었습니다.

Q. 초등학교에서도 프로그래밍 교육이 필수가 되었습니다. 스크래치가 사용될 기회가 늘고 있어요.

A. 스크래치가 활용되는 것은 대환영입니다. 이를 계기로 교육 현장에서도 서로 배우는 일의 중요성에 대한 이해가 확산되기를 기대합니다. 프로그램은 블록과 동일합니다. 어떻게 활용하느냐에 따라 창의성을 키우는 강력한 도구가 됩니다. 유치원과 같은 자유로운 세상을 만들 수 있도록 교육 면에서도 서포트해 주면 좋겠습니다.

Q. 창조적 사고는 앞으로 어느 정도 확산될까요?

A. 단기적으로는 비관적이지만 장기적으로는 낙관적으로 보고 있습니다. 창의적 사고가 확산되기 위해서는 어려움이 동반되는 변화가 필요하다는 것을 알고 있기 때문이죠. 사람들은 아직도 학습을 기존과 같은 것으로 생각하고 있습니다. 오랫동안 고착된 생각은 하루아침에 바뀌지 않습니다. 하지만 저는 장기적으로 볼 때 낙관적이라고 생각합니다. 창의적 사고가 중요하다는 인식이 고조되고 있는 시대적 흐름은 거스를 수 없습니다. 이 흐름은 더욱 커질 것이고, 저는 그 흐름에 기여하고 싶습니다.

저는 원래 경제지 기자였습니다. 페퍼트를 인터뷰하며 그의 비전을 접하고 큰 충격을 받았습니다. 그 후 커리어를 변경했고, 그때부터 같은 목표를 향해 나아가고 있습니다. 창의성에 대한 도전은 쉽게 해결되지 않겠지만 굉장히 크고 보람 있는 테마입니다. 모든 환경의 아이들에게 탐색과 실험, 표현을 자유롭게 할 수 있는 기회를 제공하고, 창조적 지식인으로서의 자질을 함양하는 데 계속해서 도움을 주고 싶습니다.

THE LEGO STORY

조직 활성화 등에 이용되는 '레고 시리어스 플레이'는
여러 기업에서 크게 주목받고 있다.

7장

전략 수립에도 유용한 레고

자기계발부터 팀 빌딩^{Team building}, 조직 활성화, 전략 수립까지! 배움의 도구로 레고를 활용하는 움직임은 어린이뿐만 아니라 어른 세계로도 확산되고 있다. 그렇다면 블록 완구로 어떻게 조직 활성화를 추진할 것인가. 더욱 자세한 이해를 위해 우선 모범 사례를 소개하도록 하겠다.

이곳은 한 기업의 회의실이다. 곧 영업사원을 대상으로 레고를 활용한 워크숍이 시작될 예정이다. 참가자들은 장래가 기대되는 5명의 직원으로, 기업의 간부 후보다. 영업 전문가로서의 의식을 보다 높은 수준으로 끌어올려 개개인이 팀이나 조직에 어떻게 공헌할 수 있을지에 대한 구체적인 목표를 찾아내는 것이 워크숍의 목적이다.

멤버들은 큰 테이블에 둘러앉아 있다. 그들의 앞에는 노트와 펜이 아닌 다양한 형태의 레고 블록이 놓여 있다. 참석자 전원이 준비를 마치자 진행을 맡은 퍼실리테이터가 지시를 내린다.

"먼저 앞에 있는 레고 블록을 사용해 타워(탑)를 만들어 주세요."

퍼실리테이터의 지시에 참가자들은 당혹감을 감추지 못한다.

과제는 제한 시간 내에 최대한 높은 타워를 조립하고 정상에 레고 인형(미니 피규어)을 올리는 것이다. 우선 레고에 익숙해지도록 하는 것이 목적이다. 제한 시간이 끝나면 각자 완성한 작품을 소개한다.

참가자들은 각자 자신이 만든 작품을 소개하며 생각을 언어로 표현한다.

서로 논평을 하는 가운데 긴장을 풀어 주는 아이스 브레이크가 종료된다. 이때부터 과제 레벨이 높아진다. 퍼실리테이터는 또다시 지시를 내린다.

"당신의 가장 큰 강점을 레고로 표현해 주세요."

그리고 이렇게 덧붙인다.

"생각에 잠기기 전에 블록을 들고 조립해 봅시다. 생각이 잘 나지 않으면 아무 생각 없이 조립해도 상관없습니다."

참가자들은 퍼실리테이터의 조언을 받으며 블록을 들고 조립을 시작한다. 곧바로 무언가를 만들어 내는 사람도 있고, 블록을 손에 쥐고 가만히 생각에 잠기는 사람도 있다. 하지만 시간이 어느 정도 지나면 변화가 생기기 시작한다. 점차 레고로 자신을 표현할 수 있게 되는 것이다.

직선 화살표 모양을 만들어 자신의 강점인 '돌파력'을 표현하는 사람이 있는가 하면, 타워에 미니 피규어를 얹어 '넓은 시야'를 표현하는 사람도 있다. 퍼실리테이터가 질문을 던진 직후 아무 생각도 하지 못했던 참가자가 손을 움직여 블록을 조립하다 보면 자신 안에 있는 막연한 이미지가 구체적인 형태가 된다.

제한 시간이 끝나면 참가자들은 차례대로 자신이 만든 작품에 대해 설명한다.

"화살표에 사용한 빨간 부품은 제 열정을 표현한 것이고, 군데군데 배치한 투명한 부품은 연약함을 표현한 것입니다."

"이 미니 피규어는 시야는 넓은 반면, 자신의 발밑에서 일어나는 일은 보지 못하고 있을 수도 있다는 점을 의미합니다."

참가자들은 그렇게 자신이 조립한 작품을 보면서 솔직하게 이야기를 해 나간다. 설명이 끝나면 퍼실리테이터와 참가자들이 질문을 던진다.

"화살표는 왜 그쪽을 향하고 있나요?"

"타워 블록이 빨간색인 이유는 뭐죠?"

작품을 만든 사람은 자신에게 쏟아지는 질문에 답을 하고, 그런 과정을 통해 자신이 만든 작품을 더욱 깊이 이해할 수 있다.

퍼실리테이터나 다른 참가자들의 질문에 답을 하다 보면 자신 안에 있는 막연한 개념이나 아이디어가 레고로 조립한 작품을 통해 언어화될 수도 있다는 것을 깨닫기 시작한다. 이 과정을 반복하면서 참가자들의 관심과 집중도가 점차 높아지고, 조립에 더욱 몰두하게 된다.

퍼실리테이터는 분위기가 고조되는 것을 보면서 질문의 레벨을 한층 더 높인다.

"당신이 경험한 최고의 영업 방식은 무엇인가요?"

"당신이 다시는 경험하고 싶지 않은 영업 방식은 무엇인가요?"

"당신이 회사를 떠나면 회사의 영업 조직은 무엇을 잃을까요?"

참가자들의 작업은 기본적으로 같다. 어떠한 과제가 주어지면 제한 시간 내에 블록을 조립하여 자신의 생각을 표현하고, 그것을 다른 참가자와 공유하면서 생각을 말로 표현한다. 조립의 결과를 참가자들이 납득하지 못한다면 퍼실리테이터는 두 번, 세 번 조립을 재요청한다.

참가자들은 자신의 머릿속에 있던 '영업의 가치'나 '자신의 가치'가 점차 블록을 통해 가시화되고 나아가 자신의 말로 표현될 수 있다는 사실을 깨닫고 놀라움과 흥분을 감추지 못한다.

워크숍 후반부쯤 되면 대부분의 참가자가 자신의 가치나 영업에서 소중히 여기는 가치를 매우 명료한 언어로 표현하고 다른 참가자들과 공유할 수 있게 된다. 이때 퍼실리테이터는 처음으로 참가자들에게 펜과 노트를 나누어 주며 지시를 내린다.

"자신이 구체적으로 어떠한 형태로 회사에 공헌할 수 있을지 노트에 써 봅시다."

대부분의 참가자는 워크숍이 시작될 때와는 전혀 다른 사람처럼 자신의 강점을 망설임 없이 노트에 써 내려간다.

이는 '레고 시리어스 플레이'라는 교재를 활용한 기업용 워크숍의 한 장면이다. 레고를 이용해 조립하는 행위 자체는 아이들이 놀이나 배움에서 사용하는 방식과 다를 바 없다. 다만, 어린이와 어른의 레고가 다른 것은 '무엇을 조립하느냐' 하는 테마다.

개념과 아이디어를 형상화하다

어린이 조립의 경우 주요 대상이 되는 것은 오리, 비행기, 집 등과 같이 눈에 보이는 물리적인 것들이다. 현실에 존재하는 대상물을 블록으로 리얼하게 재현하는 경우가 많다.

한편 '레고 시리어스 플레이'로 조립하는 대상이 되는 것은 추상적인 이미지나 정체성이다. 동기, 리더십, 비전 등 쉽게 파악하기 어려운 개념을 블록을 조립하면서 형상화한다. 처음에는 당혹스럽지만 앞서 소개한 예를 통해 알 수 있듯 블록을 만지작거리며 반복적으로 손을 움직이다 보면 머릿속에 있던 이미지가 점차 레고로 형태를 갖추게 된다.

레고 시리어스 플레이에서는 이 프로세스를 ① 만들기(조립), ② 설명하기, ③ 공유하기, ④ 재평가하기로 나누어 4가지 절차를 반복함으로써 개념의 가시화를 촉진하는 접근법을 취한다.

추상적인 개념을 블록으로 변환하고 표현할 수 있다는 것의 의미는 매우 크다. 모든 사람이 머릿속으로 생각한 것을 반드시 올바르게 구두로 설명할 수 있는 것은 아니기 때문이다. 예를 들어 '리더십'이라는 단어 하나도 사람마다 다르게 받아들인다. 설령 표현할 수 있다 해도 상대방이 받아들이는 방법이나 해석의 차이로 의도한 대로 전달되지 않을 수도 있다.

하지만 레고 블록이라는 공통 언어를 사용하면 자신의 개념이 상상 이상으로 부드럽게 전달되는 경험을 할 수 있다. 머릿속의 아이디어를 알기 쉽게 형태로 만들 수 있고, 이를 타인과 큰 차이 없이 공유할 수 있다. 이것이 레고 시리어스 플레이의 큰 특징이다.

조직이 따라야 할 규율 찾기

레고 시리어스 플레이를 개발한 사람은 레고 출신의 덴마크인 로버트 라스무센Robert Rasmussen이다. 라스무센은 레고 교육 부문인 '레고 닥타(현 '레고 에듀케이션')'에서 오랫동안 어린이 교재 개발을 담당해왔다. 그는 어린이용 레고 교재를 개발하면서 '창의력 해방'이라는 본질적 가치가 어른들에게도 충분히 응용될 수 있다고 확신했고, 이를 바탕으로 레고 시리어스 플레이를 만들었다.

"레고는 어른들에게도 커뮤니케이션을 원활하게 하는 강력한 도구다. 레고를 활용한 워크숍은 참가자 개개인의 생각을 정리해 줄 뿐만 아니라 팀의 결속력을 높이는 데도 효과가 있다."

라스무센이 이렇게 생각한 이유는 첫째, 블록을 사용하면 인간의 복잡한 감정을 형상화할 수 있다고 확신했기 때문이다. 앞서 언급했듯 '리더십'이나 '비전' 같은 개념을 레고 모델로 표현하면 말로 표현하는 것보다 더욱더 깊고 정확하게 이해할 수 있게 된다. 회사의 강점 등 사람마다 인식이 다른 테마를 논의할 때는 참가자의 생각을 서로 올바르게 이해하며 논의가 진행되므로 논의의 질이 현격히 올라간다.

둘째, 레고 시리어스 플레이에서는 논의에 참여한 사람의 의견을 빠짐없이 수렴할 수 있다. '레고 시리어스 플레이'의 워크숍에서는 자신이 만든 모델을 반드시 다른 참가자들에게 설명해야 한다는 규칙이 있다. 모두에게 평등하게 발언할 기회를 주고, 직급이나 직함을 넘어 평등한 관계에서 의견을 나누는 형태다.

많은 회의가 발언을 하는 사람과 발언을 하지 않는 사람으로 나뉜다. 회의에 참석은 하지만 다른 일을 하거나 거의 듣지 않는 사람도 있다. 모든 사람이 주인의식을 갖고 100% 평등하게 발언을 하는 회의는 쉽게 찾아볼 수 없다. 모든 참가자의 아이디어를 듣는 것이 중요하다는 것을 알면서도 현실에서는 의외로 잘 실천되지 않는다. 하지만 목소리가 큰 사람만 논의의 주류가 되면 다른 참가자들의 의견을 끌어내기가 어려워진다.

라스무센은 이렇게 이야기했다.

"진심으로 회의를 통해 무언가를 얻고 싶다면 참가자 전원의 아이디어를 끌어내야 한다."

전략 수립이란 판단 기준을 정하는 것

레고 시리어스 플레이의 궁극적인 목적 중 하나는 참가자나 그 조직이 가장 아끼는 가치를 부상시키는 데 있다. 앞서 언급한 만들고(조립), 설명하고, 공유하고, 재평가하는 사이클을 여러 번 반복하면서 질문의 질을 높여 나가면 최종적으로 자신이 결단을 내릴 때 항상 중요하게 생각하는 판단 기준, 의사결정의 축을 찾아낼 수 있다.

판단 기준이 명확해지면 일과 삶에 있어 중요한 결단을 내릴 때 망설이는 일이 적어진다. 자신이 해야 할 일과 하지 말아야 할 일이 명쾌해지면서 판단 속도가 극적으로 올라가는 것이다.

레고 시리어스 플레이에서는 이를 'Simple Guiding Principle(본질적인 판단 기준)'이라고 부른다. 쉽게 말해, 자신이 가장 중시하는 가치 기준을 말한다. 그리고 이 판단 기준을 탐색하는 프로세스는 회사의 전략을 책정하는 절차에 응용할 수 있다.

라스무센은 이렇게 말했다.

"전략이란 결국 그 기업이 의사결정을 할 때 판단 기준을 정하는 것이기 때문이다."

예를 들어, 기업이 어떤 사업을 지속할지, 철수할지 판단해야 한다고 가정해 보자. 철수 여부에 대한 궁극적 판단은 기업의 가치관에 의거하여 내려져야 한다. 만일 기업의 가치관이 '사회에 공헌할 수 있는 사업을 전개하는 것'이라면 매각 대상 사업이 그 가치에 부합하는지 여부로 판단해야 한다. 이때 자사의 가치관이 명확하다면 망설일 일이 없지만, 그렇지 않으면 사업을 지속할지, 철수할지에 대한 판단이 흔들릴 가능성이 크다.

레고 시리어스 플레이를 사용하면 기업의 가치관을 조명하는 어려운 과제도 블록 조립을 반복하면서 찾아낼 수 있다. 여기서 중요한 것은 기업의 전략도 개인의 가치관과 연결되어 있다는 점이다.

라스무센은 아무리 우수한 컨설턴트가 만든 전략이라 해도 성공으로 이어지지 못하는 경우가 많은데, 그 이유는 경영진의 공감을 사지 못했기 때문이라고 말한다.

"전략은 판단 기준을 충족해야 한다. 훌륭한 전략이라도 성공으로 이어지지 못하는 이유는 대부분 경영자나 간부가 진심으로 공감한 기준으로 판단하지 않았기 때문이다."

물론 고도의 전략을 정하는 프로세스는 레고 시리어스 플레이에서도 가장 어려운 프로그램이다. 하지만 공유가 어려운 개념일수록 구성원 전원이 평등하게 논의하고 이해하는 자리가 필요하다.

레고로 여러 차례 모델을 만들며 자신들의 소중한 가치를 찾아내는 일은 즐겁지만 힘들기도 하다. 레고에서는 이런 상황을 '하드 펀 Hard Fun'이라고 부른다.

라스무센은 이렇게 말했다.

"사람은 하드 펀 상태에 있으면 집중력이 높아지고 성과를 낼 가능성도 크다. 레고 시리어스 플레이는 바로 이 상태를 조성하는 데 특화되어 있다."

답은 이미 자기 안에 있다

'손의 촉각은 신체에서 검색 엔진과 같은 존재다. 구글 검색창에 키워드를 입력하면 검색 결과가 나오듯 손을 움직여 블록을 조립하면 기억을 탐색하고 다양한 아이디어를 끌어낼 수 있다.'

라스무센은 앞서 여러 차례 언급한 시모어 페퍼트에게 지도를 받았다. 페퍼트의 구성주의는 레고 시리어스 플레이에서도 살아 숨 쉬고 있다. 라스무센은 이런 능력이야말로 AI 시대의 인간에게 요구되는 힘이라고 이야기했다.

"손을 움직여 아이디어를 찾아 가는 작업 속에서 '우리는 이미 많은 것을 알고 있지만 그것을 인지하지 못하고 있을 뿐'이라는 사실을 깨달을 수 있다. 필요한 대부분의 지식은 사실 머릿속에 이미 쌓여 있다."

레고 시리어스 플레이는 뇌 속 깊숙이 있는 지식, 이른바 휴민트 HUMINT(인간정보, 'human[사람]'과 'intelligence[정보]'의 합성어)를 캐내는 수단이다. 많은 과제의 답은 이미 자기 안에 존재하고 있다. 라스무센은 이러한 전제하에 창의력을 발휘해 지식을 끌어내는 방법론을 확립했다.

현실 세계의 비즈니스는 놀이가 아니다. 하지만 레고 안에서 비즈니스를 재현해 진지하게 놀 수는 있다. 바로 이 점 때문에 '레고 시리어스 플레이'라는 명칭이 붙었다.

라스무센은 이렇게 말했다.

"우리는 종종 전략을 정하고 실행하고 실패한 후에야 계획이 잘못되었다는 사실을 깨닫는다. 그러한 실수를 반복하기 전에 우선 레고로 비즈니스 모델을 만들어 진지하게 놀면 큰 피해를 보지 않을 수 있다. 실컷 놀고 난 뒤에 사업 계획을 작성하면 된다."

위기 속에서 태어난 '레고 시리어스 플레이'

레고 시리어스 플레이는 원래 레고의 경영 위기를 피할 방안을 찾기 위해 개발되었다. 1990년대 특허 소진과 비디오 게임의 대두라는 환경 변화가 닥쳤을 때 창업 3세인 켈 키르크 크리스티얀센은 레고를 기업용 전략 수립과 의사결정에 활용하는 프로젝트를 시작했다. 공동 개발 상대로 선택한 이들은 스위스 비즈니스스쿨IMD의 교수진이었다.

하지만 우수한 교수진을 초빙했음에도 불구하고 레고 블록을 기업 전략 수립에 활용하자는 아이디어는 좀처럼 구현되지 않았다. 레고를 사용하는 것까지는 좋지만 물리적인 모델을 조립하는 것 이상으로 이야기가 확장되지 않았던 것이다.

막다른 골목에 몰린 켈 키르크가 초빙한 사람은 라스무센이었다. 당시 라스무센은 어린이용 레고 교재를 개발하고 있었다. 교사 경험을 가지고 있었던 라스무센은 전례 없는 성인용 교재 개발에 관심을 갖고 흥분했다고 한다.

라스무센은 프로젝트에 집중하기 위해 미국으로 거점을 옮겼다. 그리고 그곳에서 MIT 교수 페퍼트를 만나 구성주의에 깊은 영향을 받았다. 라스무센은 개발 과정의 프로그램을 페퍼트에게 보여 주고 손을 움직여 생각하는 것의 중요성을 재인식했다. 그리고 오랜 시행착오 끝에 레고 시리어스 플레이의 원형이 되는 방법론을 확립했다.

'레고로 모델을 만들어 설명하고 공유하며 재평가한다'라는 4가지 프로세스를 반복하면서 개개인이 자신 안에 있는 아이디어나 콘셉트를 형상화하는 방법이었다. 그 후 라스무센은 페퍼트를 비롯해 여러 사람의 힘을 빌려 레고 시리어스 플레이의 콘셉트를 잡아 나갔다.

2001년 라스무센은 고생 끝에 프로그램을 완성했지만 한 가지 큰 과제가 남아 있었다. 자신이 만든 프로그램을 활용할 수 있는 지도자 양성이 필요했던 것이다. 경험을 통해 배우는 레고 시리어스 플레이 워크숍의 질을 결정하는 것은 퍼실리테이터의 능력이다. 하지만 방법을 이해하고 전파할 수 있는 인재를 양성하기까지는 오랜 시간과 수고가 필요했다. 그로 인해 레고 시리어스 플레이는 레고의 기대와 달리 좀처럼 확산되지 못했다.

상황이 이러하자 레고 시리어스 플레이는 여러 차례 폐지 위기에 처했다. 그러나 결과적으로 2010년 레고는 레고 시리어스 플레이를 라이선스제로 전환하기로 결정했다. 이전까지는 레고가 인정하는 퍼실리테이터에게만 허용하던 레고 시리어스 플레이의 프로그램 운영을 레고가 인증한 커뮤니티에 맡기는 비즈니스 모델로 변경한 것이다. 레고는 레고 시리어스 플레이에 필요한 블록을 공급하기로 하고 트레이닝 내용과 확산 방법은 자신들이 인정한 커뮤니티에 맡기기로 했다.

이 결정에 따라 라스무센은 그동안 키운 퍼실리테이터들을 중심으로 레고 시리어스 플레이 워크숍을 운용하는 커뮤니티를 출범시켰다. 2014년에는 라스무센 등이 중심이 되어 '마스터 트레이너 협회'를 발족했으며, 퍼실리테이터를 육성하는 구조를 정비했다.

현재 마스터 트레이너는 전 세계에 14명 정도 있으며, 이들에게 연수를 받으면 레고 시리어스 플레이의 인증 퍼실리테이터 자격증을 취득할 수 있다. 인증 퍼실리테이터가 되면 자체 워크숍 등을 개최하여 레고 시리어스 플레이를 사회에 확산시켜 나갈 수 있다.

'레고 시리어스 플레이'의 인증 퍼실리테이터는 4,000명 이상에 달하는 것으로 알려져 있다. 라스무센은 2004년에 레고를 퇴사했으며, 지금은 레고 시리어스 플레이의 퍼실리테이터를 양성하는 워크숍 주재자로 활발하게 활동하고 있다.

미국의 골드만삭스, 프록터앤드갬블, 화이자, 구글, 항공우주국 등 손을 움직여 블록을 조립하는 레고 시리어스 플레이를 통해 직원들의 창조적 사고를 강화하려는 기업은 해마다 늘어나고 있다. 현재 유명 대기업과 조직이 직원들의 의사나 생각을 보다 깊이 파고들어 끌어내고자 하는 마음으로 레고 시리어스 플레이를 활용한 워크숍을 실시하고 있다.

레고 시리어스 플레이는 레고를 경영 위기에서 구해 내지는 못했다. 하지만 거기서 만들어진 기법은 새로운 시대에 맞게 인간의 능력을 향상시키는 도구로서 글로벌 유명 기업에 활력을 주고 있다.

어린이용 완구로 태어난 레고 블록은 어른용 완구로 타깃을 확대하고, 나아가 놀이에서 배움을 위한 도구로 그 가치를 넓혔다. 그 바탕에는 늘 레고의 철학인 '인간의 가능성을 믿는 자세'가 깔려 있다.

AI 사회가 구현되는 미래에 인간의 우위가 언제까지 지속될지는 그 누구도 알 수 없다. 그러나 앞으로도 인간이 계속 변화하기 위해서는 창조적 사고력이 필수적이다. 레고는 그것을 일깨워 주는 도구로서 앞으로도 큰 역할을 해 나갈 것이다.

로버트 라스무센 ('레고 시리어스 플레이' 창시자)

레고는 성인의 창의력을 자유롭게 한다

1946년 출생. 학교 교사, 교장을 거쳐 레고 교육 부문에 입사했다. 1988년부터 2003년까지 연구 개발 부문 총괄책임자로서 많은 레고 교재를 만들었다. 대학 등과 공동으로 교육이론 '구성주의'에 근거한 사회인 대상 교육 프로그램을 개발하여 '레고 시리어스 플레이'로 완성시켰다. 현재는 레고 시리어스 플레이의 차세대 트레이너 및 퍼실리테이터 육성에 힘을 쏟고 있다.

Q. '레고 시리어스 플레이'가 기업의 주목을 받는 이유는 무엇인가요?

A. 첫째, 레고 블록을 사용함으로써 팀에 공통의 언어가 생기기 때문입니다. 팀 빌딩에 필요한 것은 멤버들의 생각을 명확히 하고 이를 서로 이해하는 것입니다. 그러나 리더십이나 이념과 같은 개념은 사람마다 인식하는 방식이 다릅니다. '레고 시리어스 플레이'에서는 이 차이를 레고를 사용하여 해소합니다. 이 방법은 생각을 언어화하여 서로의 생각을 이해하게 하는 효과가 있습니다. 레고 모델이라는 공통 언어로 변환하여 참가자 전원의 차이를 정확하게 인식하고 출

발점을 맞춘 뒤 논의를 진행하는 셈입니다.

현실적으로 매일 회의를 하여 구성원 모두의 의견을 두루 듣는 것은 불가능합니다. 많은 회의가 발언을 하는 사람과 발언을 하지 않는 사람으로 명확하게 나뉩니다. 저는 그것을 '20/80 미팅'이라고 부르는데, 발언력이 있는 약 20%의 참가자가 회의 의제의 80%를 독점하는 경우가 많습니다. 하지만 목소리가 큰 사람이 논의를 점유해 버리면 회의의 가치는 반감됩니다. 그러한 의미에서 참가자 전원의 아이디어를 결집시키는 구조를 넣는 것은 매우 중요합니다.

레고 시리어스 플레이를 경험한 사람들은 주제가 아무리 어려워도 상상 이상으로 유익한 토론을 할 수 있다는 사실에 깜짝 놀라곤 합니다. 전원이 참여하여 머리와 손을 쓰는 것은 물론이고, 모든 감각을 쏟아부어 답을 도출하다 보면 아이로 돌아간 듯한 즐거움도 느낄 수 있죠.

팀 빌딩은 레고 시리어스 플레이가 지원할 수 있는 주제의 한 예입니다. 조직 활성화뿐 아니라 기업 전략 수립, 기업 핵심 가치 탐색 등 다양하게 활용되고 있습니다. 궁극적인 목적은 판단의 바탕이 되는 가치관을 찾아내는 것입니다. 기업이 어떤 사업의 지속 여부를 판단할 때도, 개인이 인생에서 중요한 선택을 할 때도 명확한 판단 기준이 있어야만 결단을 내릴 수 있습니다. 레고 시리어스 플레이에서는 이 기준을 'Simple Guiding Principle'이라고 부릅니다. 이 가치관의 축을 스스로 발견하고 확인하는 것이 중요합니다.

Q. 손을 움직이는 것으로 이러한 판단 기준이 보이나요?

A. 손은 우리가 생각하는 것 이상으로 소중한 기관입니다. 손을 움직여 레고를 만들면 뇌 속에 잠들어 있던 지식이 깨어납니다. 인터넷 검색창에 키워드를 입력하면 검색 결과가 나오듯 질문을 듣고 손

을 움직여 레고를 조립하다 보면 뇌에서 아이디어가 도출되죠.

많은 사람이 손을 움직이며 '자신이 이미 많은 것을 알고 있고, 다만 그것을 인지하지 못하고 있을 뿐'이라는 사실을 깨닫습니다. 사실 필요한 대부분의 지식은 이미 머릿속에 축적되어 있습니다. 그런 의미에서 레고 시리어스 플레이는 인간의 깊숙한 곳에 있는 지식, 이른바 '휴민트'를 발굴하는 효과가 있습니다.

Q. 단순히 블록을 조립하는 것이 아니군요.

A. 레고를 이용해 조립하는 행위 자체는 동일합니다만, 어린이 레고 놀이와 결정적으로 다른 것은 조립 대상입니다. 어린이들은 주로 현실 사회에서 모방 가능한 것, 즉 오리나 다리와 같은 것을 조립하지만 어른들에게 요구하는 것은 이미지나 정체성처럼 형태가 없는 것들입니다.

처음에는 자신의 가치나 이념을 레고로 표현하는 것이 매우 어렵습니다. 하지만 머리로 생각하기 전에 손을 움직이는 감각에 익숙해지면 먼저 레고를 조립하게 됩니다. 이 작업을 반복하다 보면 머릿속에 내재되어 있던 아이디어를 망설임 없이 레고 모델로 구현할 수 있습니다.

Q. 답은 사실 자신 안에 있다고 하셨는데, 좀 더 구체적으로 이야기해 주시겠어요?

A. 창의력은 몸에 익히는 것이 아니라 몸에서 해방시키는 것입니다. 이를 깨닫는 것만으로도 시각이 크게 달라집니다. '시리어스 플레이'라는 말 그대로 진지하게 노는 것은 매우 중요한 행위입니다. 현실 세계의 비즈니스에서는 놀 수 없습니다. 많은 기업이 책상 앞에

앉아 논의를 하고, 전략을 세우고, 현실에 직면한 뒤 계획을 수정합니다. 하지만 레고 세계에서 전략을 세우고 가치 기준을 정하는 것은 자유입니다. 진지하게 전략을 짜 보고 놀며 그것을 검증한 뒤 비로소 계획을 세우게 되죠.

물론 레고로 이런 전략을 끌어내려면 유능한 퍼실리테이터가 반드시 필요합니다. 퍼실리테이터가 던지는 정확한 질문은 레고 시리어스 플레이를 성공적으로 이끌어 줍니다. 그래서 지금은 레고 시리어스 플레이를 효과적으로 운용할 수 있는 퍼실리테이터를 양성하는 것이 저의 큰 역할 중 하나입니다.

Q. AI 시대에 인간의 가치는 무엇일까요?

A. AI가 인간의 일을 어느 정도 대체할지는 그 누구도 알 수 없습니다. 하지만 '인간의 가치는 무엇인가'에 대한 관심은 더욱 높아질 것입니다. 답은 저도 모르지만 휴민트를 깊이 파고드는 레고 시리어스 플레이에 대한 니즈는 더욱 높아지지 않을까요?

현실 세계 문제의 정답은 하나가 아닙니다. 오히려 뭐가 문제인지도 모르는 게 많은 것이 현실이죠. 질문하고 스스로 생각해 보는 기본 동작이 지금 많은 사람에게 필요합니다. 그리고 오리의 예가 보여 주듯 물음표나 답을 도출하는 방법은 사람 수만큼 존재합니다. 이 다양성이야말로 인간의 가치입니다. 그러한 의미에서 레고는 훌륭한 장난감인 동시에 인간의 다양한 아이디어와 사고방식을 도출하고 발굴하는 도구이기도 합니다. 어른들에게도 레고의 가치는 동일합니다.

THE LEGO STORY

레고그룹의 모회사가 출자한 영국 리버풀 교외의
거대 풍력발전소 '버보뱅크 익스텐션'

8장

존재 의의를 되묻다

영국 중서부 항만 도시 리버풀. 도심에서 전철을 타고 북쪽으로 약 20분 정도 가다가 조용한 주택가를 빠져나와 해안가를 따라가면 거대한 풍차 무리가 눈에 들어온다.

7킬로미터 앞 바다에 펼쳐진 것은 '버보뱅크 익스텐션Burbobank Extension'이라 불리는 해상풍력발전소다. 지름 80미터의 거대한 발전기 날개가 바다의 강한 바람을 받아 회전하면서 1기당 최대 8메가와트의 전력을 생산한다.

32기의 풍차가 생산하는 총 발전량은 연간 7억 5,900만 킬로와트 이상이다. 이는 영국 일반 가구의 연간 전력 소비량으로, 약 23만 세대분에 해당한다.

풍력발전소에 출자한 목적

2016년 레고는 버보뱅크 익스텐션 프로젝트에 자금을 투자했다. 그룹의 모회사이자 레고 창업가가 경영하는 키르크비가 33억 덴마크 크로네(약 6,000억 원)를 출자하여 해당 발전소가 생산하는 25% 상당의 전력을 보유하고 있다. 레고그룹은 2012년에도 다른 풍력발전 프로젝트에 출자한 바 있다.

독일의 북쪽 해안에서 북서쪽으로 약 57킬로미터 떨어진 곳에서 가동되고 있는 '보르쿰 리프그룬트Borkum Riffgrund'가 바로 그것인데, 약

30억 덴마크 크로네(약 5,700억 원)를 출자했다. 버보뱅크와 보르쿰의 출자분을 합치면 레고는 이론상 그룹 전체 사무실과 공장에서 쓰는 전력을 100% 재생에너지로 충당할 수 있다.

경영 위기에서 벗어나 레고 블록의 놀이와 배움이라는 2가지 가치를 높여 온 레고는 2010년대에 들어서면서 장기적인 성장을 위한 경영 구조를 강화하기 시작했다.

"아이들의 미래를 지원하고 지속 가능한 성장을 계속하려면 모든 이해관계자의 기대에 부응해야 한다."

창업 3세인 켈 키르크 크리스티얀센은 이렇게 말하며 당시 CEO였던 요안 비 크눗스토프와 함께 회사 자체의 가치를 끌어올리는 시책을 적극적으로 내놓았다.

'덴마크의 로컬 기업에서 진정한 글로벌 기업으로 도약하기 위한 조건은 무엇인가. 환경, 빈곤, 에너지 문제 등에 어떤 책무를 다할 것인가.'

사내에서 논의를 거듭하여 이른 결론은 기업의 지속가능성에 대한 대처를 가속화하는 것이었다. 크눗스토프는 그중에서도 환경과 존재 의의Purpose라는 2가지 목표를 정해 레고를 글로벌 기업에 걸맞은 수준으로 끌어올리겠다고 결심했다. 레고는 10여 년 전부터 지속가능성을 고려한 활동에 주력해 왔다.

지속가능성에 대한 투자 가속화

2003년 레고는 완구 메이커로서는 처음으로 유엔의 글로벌 콤팩트에 서명했다. 인권, 노동권, 환경, 부패 방지에 대한 원칙에 근거하여 지속가능성 활동을 추진할 것을 표명한 행보였다.

최초의 풍력발전소에 출자한 직후인 2013년에는 세계자연기금 WWF과 '기후변화 대응 프로그램Climate Savers'이라는 파트너십을 체결했다. 환경보호를 추진하는 세계적인 단체와 연계하여 지구 환경에 대한 부하를 줄이기 위한 다양한 활동을 전사 기본 전략에 포함시켰다.

한편 기업의 신재생에너지 이용을 촉진하는 글로벌 이니셔티브 'RE100'에도 발 빠르게 참여했다. 이 활동에는 스웨덴 이케아와 스위스 네슬레, 미국 나이키, 구글 등 300여 개의 세계적인 기업이 이름을 올렸다. 레고는 2017년에 사업 활동에 필요한 전력을 100% 재생에너지로 충당하는 시스템을 구축한 바 있다.

2020년 9월에는 환경 대응 가속화를 목적으로 3년간 최대 4억 달러를 더 투자할 것을 공표했다. 구체적으로는 2021년부터 블록의 포장 봉투에 사용하던 일회용 비닐을 종이로 대체했다. 2025년까지는 상자를 비롯한 모든 제품과 패키지, 제조·유통 과정에서 일회용 플라스틱 사용을 중단하고 재생 가능한 소재로 바꿀 계획이다.

나아가 2032년까지 레고가 기업 활동으로 배출하는 이산화탄소를 2020년 대비 37% 줄일 계획이다. 레고는 세계 각지의 생산 거점과 사무실에서 이산화탄소 배출량 감축을 사업의 중요한 평가지표로 내걸고 그 성과를 담은 보고서를 매년 발행하고 있다.

네슬레나 유니레버 같은 환경 우등생으로 불리는 유럽의 글로벌 기업들은 레고가 잇달아 발표하는 환경 대책을 관심을 갖고 지켜보았다. 하지만 그들조차 2015년 레고가 야심차게 계획한 환경 대책을 접하고는 놀라지 않을 수 없었다.

블록의 탈(脫) 플라스틱 표명

'블록 원료에서 석유 유래 성분을 모두 제거한다.'

2015년 6월 레고는 핵심 제품인 플라스틱 블록의 원료를 재생 가능한 소재로 대체할 계획을 밝혔다. 1958년에 특허 출원하여 개량을 거듭해 완성한 현재 블록은 석유 유래인 ABS(아크릴로나이트릴·부타디엔·스티렌) 수지가 8할을 차지하는 플라스틱이다. 레고는 10억 덴마크 크로네(약 1,800억 원)를 들여 새로운 소재의 연구 개발을 추진해 2030년까지 완전히 대체하는 것을 목표로 세웠다.

그들의 의사 표명이 얼마나 야심적이고 과감한 것인지는 레고에서 블록이 어떤 존재인지를 생각해 보면 알 수 있다. 레고에 있어서 블록은 유일한 기간基幹 제품이다. 견고함과 튼튼함, 광택과 색상, 딱 맞게 끼워지는 감촉 등 오랜 시간 정든 상품에 대한 팬들의 신뢰는 절대적이고, 브랜드를 지키는 강력한 힘이다.

2017년 기준 연간 생산되는 플라스틱 레고 블록은 750억 개 이상에 달한다. 높은 품질에 힘입어 오랫동안 사랑을 받아온 핵심 제품의 원료를 굳이 바꾸겠다니! 말하자면, 단품 경영을 하는 덮밥 체인점이 간판 메뉴인 덮밥의 재료와 레시피를 변경하는 행위와 다를 것이 없다. 맛이 조금이라도 달라지면 손님들은 뒤도 돌아보지 않고 떠날 것이 분명하다.

마찬가지로 블록 품질에 변화가 생기면 아이들의 지지를 잃을 수 있다. 아이들은 무서울 정도로 민감하다. 환경을 위해 내린 결정이지만 자칫하면 레고 사업에 큰 영향을 미칠 수도 있다. 신규 사업을 시작하는 것과는 비교할 수 없을 정도의 리스크를 안은 결정이었다.

전대미문의 프로젝트

그럼에도 불구하도 레고는 원료 전환을 결정했다. 2015년 발표 당시 CEO를 맡았던 요안 비 크눗스토프는 이렇게 말했다.

"이제 우리는 덴마크 로컬 완구업체가 아니다. 글로벌 메이커로서 우리가 생산하는 제품이 미치는 영향력을 고려할 필요가 있다."

그리고 이 생각은 현 CEO인 닐스 크리스티얀센에게도 이어진다.

"전 세계 어린이들에게 레고의 가치를 전달하려면 우리는 아직 더 성장할 필요가 있다. 그런데 현재로서는 블록을 만들면 만들수록 환경에 좋지 않은 영향을 미친다."

크리티얀센은 이 딜레마를 해소하지 않으면 설령 레고가 성장한다 하더라도 아이들의 미래를 지속적으로 뒷받침할 수 없다고 이야기하며 이렇게 덧붙였다.

"이러한 상황을 언젠가는 바꿀 필요가 있었다."

물론 대체 소재를 찾아내기란 결코 쉬운 일이 아니다. 경쟁의 원천이자 유일한 제품인 블록의 원료를 얼마나 ABS 수지와 동등하게, 또는 그 이상으로 만들 것인가. 2015년 레고 사내에서는 전례 없는 대형 프로젝트가 시작되었다.

레고는 사내에 지속 가능한 소재 개발 전문 조직을 꾸려 100명 규모의 전임 연구자를 채용했다. 2019년에는 프로젝트를 위한 전문 연구소 '레고 지속가능한 소재 연구소'를 준공했다. 연구 개발은 사내 연구자뿐 아니라 외부 전문가와도 적극적으로 연계하여 진행하고 있다. 또한 NPO(비영리조직)와 정부와도 부지런히 교류하여 많은 정보를 모아 지속적으로 검증을 해 나가고 있다.

프로젝트를 이끌고 있는 환경 책임 부문 부사장 팀 브룩스Tim Brooks는 이렇게 말했다.

"엄청난 양의 실험을 반복하고 있다. 결코 쉽지 않지만 아이들의 미래를 위한 일이라고 생각하면 너무나 보람차다."

재생 가능 소재로 만든 식물 레고

정말 대체 소재를 찾아낼 수 있을까. 처음에는 회의적인 의견도 적지 않았지만 브룩스 팀은 계획 발표 후 3년이 지난 2018년에 첫 성과를 발표했다. 식물 유래 소재를 사용한 레고! 레고는 블록 중 나무와 숲과 같은 식물 엘리먼트(부품) 약 25종에 사용하는 플라스틱 원료를 사탕수수 유래 폴리에틸렌으로 전환할 것이라고 밝혔다.

브룩스는 이렇게 설명했다.

"200여 가지 소재를 하나하나 시도해 보면서 최적의 소재를 조사했다. 외형과 광택은 물론이고 조립할 때의 감촉도 기존 ABS 수지와

플라스틱 원료를 식물 유래 소재로 바꾼 레고의 식물 엘리먼트

구분하기 어렵다."

실제로 사탕수수 유래의 레고는 의식하지 않으면 기존 플라스틱과 거의 구분이 되지 않는다. 현재는 일반인에게 판매하는 제품에도 사용되고 있다. 다만, 이들 소재는 레고가 생산하는 블록 전체 중 2% 정도에 불과하다. 진짜 신소재 발굴은 이제부터다.

2021년 6월에는 페트병을 재사용한 레고 블록 시제품을 발표했다. 폐기한 음료용 페트병인 PET(폴리에틸렌 테레프탈레이트 수지)로 블록을 만들어 낸 것이다. 1리터 페트병 하나당 평균 2×4 레고 블록 10개분의 원재료를 얻을 수 있다. 이는 대체 소재를 사용한 블록의 가능성을 보여 준 하나의 예로, 시제품의 파일럿 생산을 시작할지 여부를 결정하기 위한 검증에는 1년이라는 시간이 걸린다고 한다.

레고는 여러 가지 소재로 블록을 시험 제작한 뒤 조립하는 검증을 수천 번 반복한다. 대체 소재 연구는 레고의 수많은 사내 프로젝트 중에서도 무척이나 어려운 프로젝트 중 하나다. 그럼에도 불구하고 브룩스 팀에서는 지친 모습을 찾아볼 수 없다.

브룩스는 "당연히 쉽지 않지만 이 시행착오 역시 우리에겐 놀면서 배우는 과정 중 하나다. 연구 과정 자체가 레고가 사회에 제공하는 가치를 구현하고 있다"라고 말했다.

그들의 목표는 블록의 소재가 바뀐 것을 그 누구도 눈치채지 못하게 하는 것이라고 한다. 그들은 환경에 대한 부하를 높이지 않으면서 아이들에게 블록을 계속해서 제공하기 위해 지금 이 순간에도 열정을 다해 연구에 임하고 있다.

기업의 방향성을 보여 주는 공통 기준

환경 문제에 대한 대응과 함께 레고가 기업의 가치를 끌어올리기 위해 노력한 것은 존재 의의의 명확화다. 2000년대 초반 경영 위기를 겪은 뒤 성장의 활력을 되찾아 가면서 당시 CEO였던 크눗스토프는 레고의 이념과 존재 의의를 직원들에게 지속적으로 전달하는 것의 중요성을 깨달았다.

일반적으로 조직이 성장하고 규모가 커질수록 현장까지 이념을 전달하는 것이 상당히 어렵다. 위기 후 시간이 흘러 당시 상황을 모르는 직원들이 늘어나면 레고가 재정의하고 침투시킨 이념이 점점 흐려질 가능성도 존재한다. 크눗스토프는 향후 글로벌하게 성장을 해 나가는 가운데 매력적인 인재를 확보하려면 기업이 목표로 하는 모습과 존재 의의를 보다 명확하게 제시할 필요가 있다고 생각했다.

"다양한 국적과 가치관을 가진 직원도 함께하려면 기업의 방향을 제시하는 공통된 잣대가 필요하다."

2008년 크눗스토프는 경영 위기를 겪고 재정의한 비전 'A Global Force for Learning through Play(놀이를 통해 배우는 경험을 세계로 확산시킨다)'와 미션 'Inspire and develop the builders of tomorrow(영감을 주며 미래의 주역을 키운다)'에 더해 'Promise(약속)'라고 부르는 새로운 행동 규범을 정했다.

구체적으로는 'Play(놀이)', 'People(사람)', 'Planet(지구환경)', 'Partner(거래처 등의 파트너)' 등 4가지 영역에서 레고 임직원들이 가져야 할 기본적인 자세를 제시했다. 예를 들어, 'Play'는 조립하는 즐거움을 확산시키는 것을 추구한다. 'People'은 임직원 전원이 함께 성과를 창출하는 것을 목표로 한다. 'Planet'은 지구에 긍정적인 영향을 주는 것이며, 'Partner'는 레고의 가치관을 이해할 수 있도록 하는 거래처와의 파트너 의식이다.

　이것의 포인트는 유명무실한 슬로건으로 끝나지 않도록 노력하는 것이다. 직원들이 얼마나 약속을 지켰는지는 인사평가에 반영된다. 예를 들어, 실적에 큰 기여를 했다 하더라도 '조립하는 즐거움을 확산했는가', '구성원 전원이 함께 성과를 거두었는가', '지구에 긍정적인 영향을 주었는가', '파트너에게 레고의 가치를 널리 알렸는가'와 같은 요소를 충족시키지 못하면 만점을 받을 수 없다.

　직원뿐 아니라 임원 보수도 약속의 달성 정도에 따라 측정된다. 임원 보수는 4가지 항목이 각각 25%로 나뉘어 구성되어 있다. 즉, 어느 하나만 열심히 하면 안 되고, 모두 균형 있게 달성해야 한다.

　크눗스토프가 정리한 레고의 미션과 비전, 약속은 그 후에도 업데이트되어 현재는 가치와 아이디어라는 요소를 포함한 '레고 브랜드 프레임워크'로서 다음과 같이 정리되어 있다.

- Belief(신념): Children are our role models(아이들은 우리의 본보기다).
- Mission(미션): Inspire and develop the builders of tomorrow(영감을 주며 미래의 주역을 키운다).
- Vision(비전): A global force for Learning-through-Play(놀이를 통해 배우는 경험을 세계로 확산시킨다).
- Idea(아이디어): System-in-play(놀이 시스템)
- Values(가치): Imagination(상상력), Fun(즐거움), Creativity(창의력), Caring(배려), Learning(배움), Quality(품질)
- Promises(약속): Play Promise(놀이), People Promise(사람), Partner Promise(파트너), Planet Promise(지구 환경)
- Spirit(모토): Only the best is good enough(최고가 아니면 좋다고 할 수 없다).

이러한 큰 틀에서 레고의 가치를 높이기 위한 공통의 잣대가 만들어졌다. 2012년부터 2017년까지 레고 CFO를 지낸 존 굿윈은 "자사의 존재 의의를 명확히 하여 어떤 가치를 소중히 하는지를 말로 표현해야 비로소 직원들에게 내재화시킬 수 있고, 원하는 인재상도 설명할 수 있다." 라고 이야기했다. 전 직원이 공유할 수 있는 레고의 가치를 명확히 언어화함으로써 레고가 원하는 인재상을 누구나 공유할 수 있게 되었다.

매력적인 직장 환경은 필수

지향점을 명확히 한 레고는 다양한 제도로 이를 구현해 나갔다. 특히 공을 들인 것은 직원들의 일하는 즐거움을 높이는 것이었다.

CEO 크리스티얀센은 이렇게 말했다.

"인재를 끌어들이려면 매력적인 직장 환경이 필수다."

그 일례가 2021년 덴마크 빌룬에 준공한 새로운 본사다. 분산된 사무실을 5만 4,000제곱미터에 달하는 부지에 세운 여러 동의 빌딩에 집약시켰고, 숙박이 가능한 복리후생시설 등도 건설했다. 2,000여 명의 직원이 근무하는 본사에는 완구 메이커 특유의 즐거운 분위기가 풍기며, 일할 의욕을 높이는 요소가 곳곳에 깔려 있다.

새 사무실을 설계하면서 레고가 가장 중요하게 생각한 것은 '오너십'이라는 키워드였다. 오너십이란 직원 개개인이 주체적으로 본인의 일에 책임과 재량을 갖고 임하는 것을 말한다. 레고는 자율적으로 직원들이 모여 협력하고 승인하는 자리나 이를 뒷받침해 주는 제도를 디자인하는 것이 가치 창출의 초석이 된다고 생각한다.

크리스티얀센은 이렇게 말했다.

"오너십을 가진 근무 방식이 동기부여와 직원 만족도를 높인다."

레고는 이를 실현하고자 새로운 사무실에 'Activity-Based Working^{ABW}'이라고 하는 근무 방식을 도입했다. 이것의 특징은 직원이 자신이 일할 집무 공간을 주체적으로 선택할 수 있다는 것이다.

예를 들어, 일반적인 데스크 타입의 공간은 물론이고, 혼자 집중하고 싶은 사람을 위해 방음 설비가 갖추어진 개인실도 있다. 그 밖에도 캐주얼한 미팅을 위한 소파 공간과 프레젠테이션에 적합한 넓은 회의실 등을 마련해 일하는 방식이나 목적에 맞게 공간을 선택할 수 있는 기회를 제공했다. 업무 내용이나 기분에 따라 일할 공간을 선택하여 환경을 바꿔 주면 동기부여가 되어 좋은 성과를 낼 수 있다.

새롭게 일하는 방식을 디자인한 멤버 중 한 명인 아네케 벨켄스는 이렇게 말했다.

"'어느 장소에서 일할 것인가' 하는 결정권을 직원에게 주면 일하는 방식 자체도 능동적으로 변한다."

해결해야 할 과제, 소속감 상실

물론 해결해야 할 과제도 존재했다. ABW의 경우 직원들의 소속감이 줄어든다는 단점이 있었다. 조사 결과, 직원들은 자유로운 근무 방식에 매력을 느끼는 한편, 자신이 조직에 소속되어 있다는 사실을 느낄 기회가 줄어들었다는 목소리도 있었다.

'여기가 내 자리'라는 감각이 옅어지면 불안감을 느낄 수도 있다. 상사와 부하 직원이 항상 직장에서 만나는 것은 아니기 때문에 '내가 정말 부하 직원을 이해하고 있나?', '상사는 내 성과를 인식하고 있을까?'라는 의심이 생기기 쉽다. 그런 상황이 지속되면 업무 성과에 영향을 미칠 수도 있다.

레고의 새로운 사무실에서 일하는 직원은 약 2,000명으로, 깊이 고민하지 않고 ABW를 도입하면 직원들의 소속감 상실이 큰 과제가 될 가능성이 있었다.

덴마크 본사에는 각기 다른 배경을 가진 다양한 세대의 사람들이 일하고 있었다. 젊은 직원뿐 아니라 레고에 오랜 시간 몸담은 연령대 높은 직원도 적지 않았다. 그렇다 보니 갑자기 고정석을 없애고 ABW 시스템으로 바꾸면 혼란이 생길 우려가 있었다.

커뮤니티에 참여시키기

어떻게 하면 직원들의 소속감을 높일 수 있을까? 레고는 현재 2가지 시책을 시험해 보고 있다.

첫 번째는 '네이버후드Neighborhood'라고 하는 구조다. 직역하면 '이웃'이라는 뜻인데, 사무실 안에 느슨하게 각 팀이 일하는 구역을 배정한다. 예를 들면, '영업 부문은 3층의 5구역'과 같은 형태로 부문별 업무 구역을 권장하고 있다. 기본적으로는 자신이 원하는 공간에서 일을 해도 상관없지만 각 팀의 구역을 대략적으로 배정함으로써 자유를 담보하면서도 불안감을 해소하고자 한 것이다.

또 하나는 커뮤니티 형성이다. 직원들의 소속 의식을 위하여 공통의 취미나 관심이 있는 직원들이 함께 시간을 보낼 수 있는 제3의 장소를 준비했다. 상징적인 것이 바로 '피플 하우스People House'라는 건물이다. 이곳에는 행사 공간과 헬스장을 비롯해 직원들을 위한 숙박 시설까지 갖추어져 있다.

그곳에는 전담 커뮤니티 매니저가 상주하여 직원들끼리 교류할 수 있는 액티비티가 상시 기획되어 있다. 직원들이 자발적으로 활동에 참여할 수도 있고, 직접 이벤트를 주최할 수도 있다.

오피스 프로젝트 멤버 중 한 명인 티모시 알렌바흐Timothy Ahrensbach

는 "인간의 창조성을 자유롭게 만들려면 안심할 수 있는 인간관계가 필요하다. 이를 위해서는 내가 속할 수 있는 커뮤니티가 매우 중요하다."라고 이야기했다.

이 효과를 정량적으로 측정하기는 어렵지만, 직원들의 동기부여에 미치는 영향은 매우 크다. 직원의 자율성을 담보하면서도 '여기가 내 자리다'라고 안심하고 안정성을 가질 수 있는 구조를 만들기 위한 시행착오는 지금도 계속되고 있다.

하지만 상황은 끊임없이 변하고 있다. 코로나19의 확산으로 직원들의 일하는 방식이 크게 변화했다. 많은 글로벌 기업이 코로나19 이후 일할 방법을 모색하는 가운데 레고도 직원들이 재택근무와 출근 중 한 가지를 자유롭게 선택할 수 있는 체제를 취하고 있다.

레고의 CFO 예스페르 안데르센Jesper Andersen은 이렇게 말했다.

"나는 재택근무를 기본으로 하고 창의적인 논의가 필요할 때는 출근을 한다. 프로젝트 내용이나 상황에 따라 직원들이 유연하게 일할 수 있는 선택지를 늘려 나가겠다."

다만, 아직 이렇다 할 답이 있는 것은 아니다. 재택근무 기간이 길어질수록 소속감을 찾는 직원이 늘어날 것이다.

지속적으로 존재 의의 상기시키기

레고는 회사의 존재 의의를 직원 한 사람 한 사람에게 내재화시키는 것이 무척이나 중요하다고 생각한다.

'레고는 무엇 때문에 존재하는가.'

'이를 위해서 어떻게 변화해 나가야 하는가.'

크리스티얀센은 앞장서서 직원들에게 이러한 생각을 전달하는 것이 지도자의 역할이라고 말했다.

"리더는 할 일을 일일이 지시하는 것이 아니라 향해야 할 큰 방향성을 제시해야 한다. 그 밑바탕이 되는 것이 회사의 존재 의의다."

코로나19 확산을 예로 들 것도 없이 우리 주변 환경은 늘 불확실하다. 예측 불가능한 사태가 일어나도 직원들이 유연하고 자율적으로 움직일 수 있도록 하려면 규율로 묶는 것이 아니라 존재 의의로 연결되는 조직을 만드는 것이 중요하다.

'레고의 존재 의의는 아이들의 성장에 기여하는 것이다. 레고의 모든 활동은 아이들을 위한 것이어야 한다.'

레고는 회사의 존재 의의를 직원들에게 반복적으로 전달하고 있다. 크리스티얀센은 "레고에는 오랫동안 일을 해 온 사람도 많고, 레고가 어떤 기업인지 직접 느끼고 있는 사람도 많다. 이러한 자산이 다음 세대로 잘 이어지게 하는 것이 나의 역할이다"라고 말했다.

노력을 게을리하면 기업 문화는 금방 퇴색되고 직원들은 떠나간다. 과거의 경영 위기는 레고에 큰 교훈이 되었다. 모든 조직은 언어나 근무 장소, 제도를 통해 존재 의의를 계속해서 전달해야 한다. 이는 하루아침에 성과를 얻을 수 없는, 엄청난 노력이 필요한 일이다.

크리스티얀센은 이렇게 말했다.

"아침에 일어나 오늘도 열심히 일하겠다고 진심으로 생각할 수 있는가. 만일 조직의 존재 의의를 명확하게 이해하고 오너십을 갖는다면 '예스'라고 대답할 수 있을 것이다. 그게 이상적인 모습이다."

회사를 통해 내가 무엇을 할 것인지 의의를 명확히 하고, 이를 직원들에게 내재화시키려는 노력을 우직하게 계속해 나가는 것! 그것이 바로 이 세상에서 살아남기 위해 경쟁하는 'Purpose Driven Company(의의주도형 회사)'의 조건이다.

THE LEGO STORY

2017년 레고 창업지에 오픈한 체험형 시설 '레고하우스'

9장

끝나지 않은 시행착오

2017년 9월 28일, 레고 창업지인 덴마크 빌룬은 평소와 다른 분위기로 들떠 있었다. 마을 중심부에 위치한 옛 시청 앞 광장엔 이른 아침부터 사람들이 모여들기 시작했고, 그 수는 오전에 수백 명 규모로 불어났다. 아이와 함께 온 젊은 부부, 노부부 등 광장은 사람들로 북적였고, 작은 축제가 열린 것처럼 활기가 넘쳐났다.

그들이 모인 이유는 한 가지였다. 새롭게 문을 여는 레고 신사옥의 개관식에 참석하는 것! '레고하우스'라는 이름이 붙은 이 시설은 레고가 준공한 랜드마크였다.

이곳에는 'Home of Bricks(블록의 고향)'라는 콘셉트 아래 레고가 오랜 세월 쌓아 온 놀이 철학을 체험할 수 있는 다양한 장이 마련되어 있다. 새하얀 콘크리트 벽과 커다란 유리창으로 구성된 건물은 상공에서 바라보면 레고 블록을 쌓아올린 듯한 모습이다. 각각의 블록 윗면은 빨강, 파랑, 노랑 등의 색으로 구분되어 레고의 이미지 컬러와 놀이의 즐거움을 상징하는 듯하다. 설계는 미국 구글의 모회사인 알파벳의 신사옥 빌딩 등을 담당한 덴마크인 유명 건축가 비야케 잉겔스Bjarke Ingels가 이끄는 BIG(비야케 잉겔스 그룹)이 맡았다.

오후 1시가 되자 레고하우스 특설회장에서 오프닝 세리머니가 시작되었다.

아이들의 새로운 낙원

창업 3세인 켈 키르크 크리스티얀센이 인사를 했다.

"아이들의 새로운 캐피털(중심지)을 만들고 싶었던 염원이 오늘에서야 이루어졌습니다. 레고하우스의 완성으로 레고 역사에 또 하나의 이야기가 쓰였습니다."

켈 키르크는 감회에 찬 표정으로 정중하게 감사의 뜻을 표했다. 레고하우스는 켈 키르크가 오랫동안 구상해 온 것이었다.

"레고하우스는 '놀이를 통해 배운다'라는 레고의 철학이 어떤 것인지 실제로 경험하면서 이해할 수 있는 곳입니다."

60년 넘게 블록 개발을 이어 온 레고는 아이들이 조립하고 노는 행위를 통해 얼마나 많은 능력을 얻게 되는지 알고 있었다. 켈 키르크는 창의력, 인지력, 사회성 모두 창조적 사고를 키우는 데 필수적인 능력이라고 말했다.

레고하우스는 이를 4가지 스킬로 집약하여 레고 블록을 이용한 놀이를 통해 구체적으로 느껴 보고 이끌어 낼 수 있는 요소를 마련했다. 예를 들어, 관내에서 '블루존'이라 불리는 인지력을 높이는 구역에는 거대한 점프대와 레고 블록이 마련되어 있다. 아이들은 레고를 이용하여 거대한 점프대에서 가장 멀리 도약할 수 있는 자동차를 만드는 과제를 부여받는다. 아이들은 자동차 설계를 통해 자동차를 더 멀리 보내려면 레고를 어떻게 설계해야 하는지, 타이어는 몇 개를 설치해야 하는지, 착지해도 부서지지 않는 견고성을 어떻게 유지해야 하는지 등을 고민하며 공간 인지와 물리 법칙을 이해하게 된다.

'레드존'이라 불리는 창의력을 콘셉트로 한 구역에서는 많은 양의 블록이 깔린 '레고의 바다'에서 자신만의 작품 창작에 몰두할 수 있다. 동물, 로봇 만들기 등 다양한 테마의 워크숍이 정기적으로 열리고, 아이들이 자유롭게 자신의 작품을 만든 뒤 선보이는 자리가 마련되어 있다.

켈 키르크는 자신 있게 말했다.

"아이들은 블록 놀이를 하면서 무의식중에 다양한 능력을 획득한다. 그것들은 모두 앞으로 사회에서 꼭 필요한 것들이다."

개관식에 참석한 관계자는 내빈만 100명 이상이었다. 덴마크 대기업 간부, 교육 관계자, 정치인을 비롯해 4명의 아이가 모두 레고 광팬이라는 프레데릭 덴마크 왕실 왕세자 부부의 모습도 보였다.

중요 인물들의 인사가 끝나자 드디어 시민들에게 레고하우스를 선보이는 행사가 시작되었다. 이날만을 기다렸던 지역 주민과 인근 주민들은 봇물 터지듯 새 시설로 몰려들었다.

빌룬시 관계자도 새로운 시설의 완공을 기뻐하며 이렇게 말했다.

"새로운 랜드마크의 완성은 빌룬의 활성화로도 이어질 것이다."

그날 행사는 잘 마무리되었고, 켈 키르크는 만족스러운 표정을 지었다. 그러나 레고 간부들의 마음은 결코 편치 않았다. 화려한 무대와 달리 레고는 내부적으로 또 다른 어려움을 겪고 있었기 때문이다.

13년 만의 충격

레고하우스 개관식이 열리기 3주 전인 9월 5일, 2017년 중간 결산 발표가 있었다. 요안 비 크눗스토프는 "안타까운 결과를 발표하게 되었습니다."라고 말하며 운을 뗐다.

상장사가 아닌 레고는 본래 언론 관계자들에게 결산 내용을 보고할 의무가 없다. 하지만 대형 완구업체가 되면서 미국의 마텔과 해즈브로의 실적을 능가하며 업계에 큰 영향을 미치는 회사로 거듭났다.

그로 인해 자체적으로 반기에 한 번씩 결산을 보고해 왔다.

지금까지는 크눗스토프의 단골 대사로 밝은 분위기 속에서 결산 회견을 시작하곤 했다.

"올해의 결과도 매우 훌륭합니다."

레고의 실적은 과거 경영 위기를 극복한 2004년 연간 결산부터 13년 연속 증수증익을 경신하고 있었다. 특히 2009년부터 2013년까지는 매출액 연평균 성장률이 20%를 넘어섰다. 이는 완구업계에서 매우 두드러지는 실적이었다. 블록이라는 단일 제품만 취급한다는 점을 고려하면 5년 연속 20% 성장은 경이로운 수준이었다. 이러한 급격한 성장은 완구업계를 넘어 전 업계에서 큰 주목을 받았다.

그런데 이번 발표는 분위기가 많이 달랐다. 크눗스토프는 긴장된 목소리로 중간 결산 결과를 조심스럽게 읽어 내려갔다.

"2017년 중간 결산 매출액은 전 분기 대비 5% 감소한 149억 덴마크 크로네(약 2조 8,700억 원), 영업이익은 동기간 대비 6% 감소한 44억 덴마크 크로네(약 8,500억 원)입니다. 유감스럽게도 감수감익이라는 결과로 끝이 났습니다."

비록 중간 결산이라고는 해도 13년 만의 전락이었다. 뒤이어 쏟아진 언론의 질문들이 충격의 크기를 짐작하게 했다. 경신 기록이 끊긴 점은 물론이고, 무엇보다 취재진이 놀란 것은 증수증익의 속도가 둔화된 정도가 아니라 갑작스럽게 감수감익으로 전락한 것이었다.

2016년 연간 결산의 매출액은 전기 대비 5.1% 증가했고, 영업이익은 전기 대비 1.7% 증가하여 증수증익의 속도가 떨어지고 있던 것은 사실이다. 하지만 그렇다고 해도 하루아침에 감수감익에 빠지다니! 그 누구도 예상하지 못한 결과였다. 취재진의 질문은 단 하나였다.

"무엇이 문제인 겁니까?"

성장 과정에서 발생한 부작용

크눗스토프는 단어를 골라가며 조심스럽게 말했다.

"단적으로 말하면 조직의 문제입니다. 사람이 늘고 조직이 커진 결과, 변형이 두드러졌습니다. 의사결정에 시간이 오래 걸리면서 아이들에게 인기 있을 법한 상품을 정확하게 출시하지 못했습니다."

레고그룹은 지난 10년간 가파른 성장세를 이어 왔다. 매출액은 약 5배, 영업이익은 약 9배 늘어났다. 경영진들은 이 성장에 적합한 체제를 만들기 위해 보다 빠른 속도로 조직을 키워 갔다. 런던, 싱가포르, 상하이에 지역 전략 거점을 개설했고, 단번에 글로벌화를 추진했다.

또한 늘어나는 블록 수요에 대응할 수 있도록 생산 능력을 확장했다. 빌룬, 멕시코, 체코, 헝가리를 비롯해 중국 가흥시에 새로운 블록 생산 공장을 개설했다. 글로벌 배송망도 강화하여 세계 각지 시장에 제품을 효율적이고 정확하게 전달하는 체제를 갖추었다. 2012년 약 1만 명이던 직원 수는 2017년 약 1만 8,000명까지 늘어났다.

이만큼 투자를 했으니 그에 어울리는 결과가 나오지 않았을까? 그러나 실제로는 예상한 만큼의 성과를 거두지 못했다고 한다. '예상만큼 수요가 높아지지 않아 공급 과잉 상태가 되었다'는 것이 크눗스토프가 설명한 부진의 진짜 원인이었다.

한편 조직의 급격한 확대는 레고 내부 의사결정에 여러 부작용을 가져왔다. 급격히 사람이 늘고 조직의 계층화가 진행된 결과, 비슷한 기능의 부서나 포지션이 난립하게 되었다. 의사소통이 혼란스러워지고 책임자 부재로 의사결정에 차질을 빚게 되었다.

리서치, 제품 개발, 마케팅……. 모든 부문에서 확인 프로세스가 늘어나면서 무엇을 하든 전보다 시간이 오래 걸렸다. 한 레고 직원은 "프로세스가 복잡해진 결과, 경영 간부와 레고의 고객인 아이들과의 거리가 멀어졌다."라고 말했다.

2000년대 위기에서 벗어난 직후처럼 수요를 예측하여 적절한 시기에 제품을 투입하기 어려워지면서 조직 전체의 제품 개발에 부정적인 영향을 미치기 시작했다. 급격한 조직 확대는 이러한 과제들이 경영 간부들의 눈에 잘 들어오지 않게 했다.

또 다른 레고 직원은 이렇게 회상했다.

"아이들이 원하는 레고는 어떠해야 하는지 그 점을 중점적으로 생각해야 하는데 사내 조율에만 시간을 할애하게 되었다."

불만을 품은 일부 직원은 "창조적인 일을 할 수 없다."라고 말하며 레고를 떠났다.

리셋 버튼 누르기

이대로 상황을 방치하면 레고의 경쟁력은 더욱 떨어질 수도 있었다. 그렇게 되면 또다시 경영 위기에 직면할 가능성도 존재했다. 크눗스토프는 이렇게 설명했다.

"이번 감수감익은 그러한 징후를 보여 주는 신호입니다. 우리는 이 사실을 무겁게 받아들이고 있습니다."

현재 레고는 액셀을 너무 세게 밟아 본래 가야 할 성장 레인에서 벗어나 버렸다. 일단 멈춰 서서 궤도를 수정해야 할 필요가 있었다.

크눗스토프는 "리셋 버튼을 한 번 누를 필요가 있겠습니다."라고 말하며 재건 방안을 밝혔다. 우선 2017년에 전체 직원의 8%인 1,400명을 감축하고, 사내에 중복되는 부서나 직책의 통폐합을 추진하여 조직의 재구축에 착수하기로 했다.

"안타깝게도 회사를 떠나야 하는 사람도 있습니다. 하지만 그동안 레고에 기여해 준 직원은 마지막 한 명까지 책임지고 지원하도록 하겠습니다. 회사가 앞으로도 성장세를 이어 가기 위해 필요한 조치임을 이해해 주길 바랍니다."

한편 레고는 결코 경영 위기에 빠진 것은 아니라고 호소했다.

"2000년대와 같은 경험을 되풀이하지 않기 위해서라도 빨리 손을 쓰는 것으로 생각해 주길 바랍니다."

크눗스토프는 이 점을 여러 차례 강조하며 회견을 마쳤다.

레고의 시대는 끝났다

하지만 그의 말을 그대로 받아들인 언론 관계자는 매우 드물었다. 그날 오후 미국, 영국 등 서방 대형 매체들은 레고의 중간 결산 내용을 대대적으로 다루며 레고가 다시 위기에 빠졌다고 보도했다.

'레고 1,400명 감축 결정! 디지털 세대 대응으로 고전' (미국 〈월스트리트저널〉)

'레고, 10년 이상의 수익 증가 기록 종지부' (영국 〈파이낸셜타임스〉)

'감수감익, 디지털 역풍 맞은 레고' (미국 'CNBC')

'레고, 이익 감소로 1,400명 감축. 대작 영화 연계도 기여 못해' (미국 〈뉴욕타임스〉)

대부분의 매체는 레고가 어려움에 빠진 원인을 조직의 문제로 보지 않았다. 스마트폰과 태블릿 보급이 레고로부터 아이들의 시간을 빼앗았다고 분석했다. 20년 전 비디오 게임의 대두로 위기에 빠졌던 상황과 다르지 않았다.

그중에서도 레고 경영을 통렬하게 비판한 것은 영국의 〈파이낸셜타임스〉였다. 〈파이낸셜타임스〉는 다음과 같이 적으며 레고는 자신들의 성장 신화가 끝났음을 알아야 한다고 따끔하게 지적했다.

'이제 더 이상 레고를 찬양해서는 안 된다. 영광은 과거의 것이 되었다. 레고의 성공은 그동안 수많은 비즈니스스쿨 사례에서 다루어졌고, 성공을 예찬한 책도 있다. 하지만 이제 높은 평가를 자제할 때가 되었다.'

8개월 만에 퇴임한 CEO

실제로 전조 증상이 있었다. 애초에 결산 발표 자리에 크눗스토프가 등단한 것 자체가 이례적이었다. 크눗스토프는 2016년 12월 CEO 자리에서 물러났고, 2017년 1월 COO였던 발리 파다가 새 CEO로 승격되었기 때문이다.

그런데 파다는 8개월 뒤에 갑자기 CEO 자리에서 물러났다. 일신상의 사정이라는 것 외에 뚜렷하게 밝혀진 것이 없어 온갖 억측이 난무했다. 공석으로 남은 CEO 자리는 2017년 10월 후임이 취임할 때까지 크눗스토프가 맡아야만 했다.

성장을 구가하던 시대는 끝이 났다. 다시 내리막길을 걸어야 할지도 모르는 상황에 레고 관계자들은 총수 인사 문제로 머리를 쥐어짤 수밖에 없었다.

대기업을 능숙하게 다루는 인물

크눗스토프 등 경영진들은 레고를 맡아 줄 적임자를 찾기 위해 열심히 뛰어다녔다.

"지금은 레고를 글로벌 기업으로 이끌어 줄 뛰어난 리더가 필요하다. 반드시 적임자를 찾을 수 있을 것이라고 믿는다."

크눗스토프는 같은 전철은 밟지 않을 것이라고 굳게 생각하며 후임 CEO 인선이 가시화되고 있음을 밝혔다. 그리고 그 대상이 된 것은 닐스 크리스티얀센이었다. 그는 맥킨지앤드컴퍼니에서 일한 경험이 있으며, 수압기 및 인버터 등을 제조하는 덴마크 대기업 댄포스Danfoss를 이끌고 있었다.

그는 말솜씨가 뛰어난 크눗스토프와 다르게 매우 과묵했지만 주변 상황을 살피면서 정확하게 의사결정을 내리는 침착함이 돋보이는 사람이었다. 주변 사람들은 그를 다음과 같이 평가했으며, 그것이 레고가 그를 초빙한 가장 큰 이유였다.

"크리스티얀센은 대기업 조직을 구축하는 방법과 사람을 움직이게 하는 방법을 잘 알고 있다."

감수감익을 발표한 중간 결산으로부터 약 반년 후인 2018년 3월 6일, 레고하우스에서 열린 2017년 연간 결산 회견장에 CEO자리에 오른 크리스티얀센이 처음으로 모습을 드러냈다. 긴장한 표정으로 등단한 크리스티얀센은 짧게 인사한 뒤 곧바로 2017년 실적을 돌아보았다.

"지난해는 레고에게 도전적인 해였습니다. 매출액은 전기 대비 8% 줄었고, 세전이익도 감소했습니다."

취임 축하 분위기는 전혀 느껴지지 않았다. 크리스티얀센은 그저 담담하게 실적을 설명해 나갔다.

"경이로운 성장이 이어지던 시대는 일단락되었습니다. 하지만 레고는 결코 이 실적에 만족하지 않을 것입니다."

크리스티얀센은 실적 보고를 마친 뒤 회견에 참석한 많은 취재진의 관심을 예측이라도 한 듯 향후 레고의 재성장을 위한 계획을 이야기하기 시작했다.

반전 공세 체제를 확립하다

"2017년 9월 요안 비 크눗스토프 회장이 재성장을 위한 리셋 버튼을 누르겠다고 선언했습니다. 이때 표명한 1,400명의 인원 감축은 이미 완료되었습니다. 그동안 함께 성장의 기쁨을 나누던 동료들과 다른 길을 가는 것은 아쉽지만 많은 사람이 이미 새로운 걸음을 시작했습니다. 더 이상의 인원 감축 계획은 없습니다."

레고는 위기 상황에 돌입하기 전에 주저 없이 인력을 정리했다. 그 결과, 비용을 억제하고 사내 긴장감을 조성해 마음을 다잡는 효과가 있었다고 한다.

크리스티얀센은 우선 조직의 활성화 전략을 실시하겠다고 선언했다. 그는 취임 후 곧바로 급성장으로 뒤엉켜 버린 조직에 손을 댔다. 계층 구조를 간략화하여 전 세계에 있는 9명의 지역 총괄책임자에게 직접 실적을 보고할 것을 지시했다. 그동안 지역 총괄책임자와 경영 수뇌진 사이에 존재했던 관리 포지션을 줄인 것이다.

나아가 현장에 권한을 이양하여 프로젝트 진행 여부를 즉시 판단할 수 있는 체제로 바꾸었다. 소비자와 경영진의 거리를 좁히고 다시 의사결정 속도를 높이기로 한 것이다.

다음으로는 잉여 재고 처리 방법을 고민했다. 13년 연속 증수증익은 레고에 급성장을 몰고 온 반면, 소매점에는 대량의 잉여 재고를 안겨 주고 있었다. 2010년 재고자산은 13억 덴마크 크로네(약 2,500억 원)였으나 2016년 30억 덴마크 크로네(약 5,700억원)로 2배 이상 증가했다. 재고는 13년 동안 꾸준히 쌓이고 있었다.

레고 매출의 약 50%는 신제품이 차지했다. 이를 생각하면 팔리지 않아 그저 점포에 쌓여 있는 제품을 싸게 파는 것은 신제품 판매에도 악영향을 미칠 것이 분명했다. 크리스티얀센은 이 과잉 재고를 해소

할 필요가 있다고 판단했다. 그는 소매점에 신제품 매입을 줄이고 점내 재고를 판매할 것을 요청했다.

그 결과, 재고 정리 자산은 23억 덴마크 크로네(약 4,400억 원)로, 1년 전인 2016년 연간 결산에 비해 약 30% 삭감되었다. 크리스티얀센은 2017년 연간 결산의 수익 감소는 소매점 대비 레고 판매량을 줄인 데 기인했다고 말했다.

"소매점에서 아이들에게 팔린 레고의 총량은 줄지 않고 있다. 가장 큰 대목인 크리스마스 시즌도 호조를 보였다. 그런 의미에서 2017년 감수감익의 진짜 이유는 레고가 아이들로부터 지지를 잃었기 때문이 아니라 재건에 드는 비용이 증가했기 때문이었다."

중국 시장으로 성장 동력 확장하기

크리스티얀센은 조직 개편과 재고 해소에 손을 쓰면서 성장을 향한 공격적인 전개를 언급하는 것도 잊지 않았다. 레고의 재성장을 위해 그가 꼽은 포인트는 크게 3가지였다.

하나는 성장을 전망할 수 있는 시장에 대한 투자 확대였다. 구체적으로 말하면 레고가 성장의 기둥으로 삼은 중국 시장을 집중적으로 개척하기로 했다. 기존의 주된 무대였던 미국과 유럽 시장의 성장이 점점 둔화되는 가운데 중국 시장은 지난 4년간 두 자릿수 성장이 계속되고 있었다. 2017년 서구 주력 시장의 성장은 전년 대비 하락한 반면, 중국 시장은 플러스 성장을 이어 가고 있었다.

"레고의 성장에 중국의 중요성이 높아지고 있는 것은 분명한 사실이다."

크리스티얀센은 2016년 11월 준공한 중국 가흥시의 최신 생산 거점에 기대를 걸었다. 이 시설은 레고가 덴마크, 멕시코, 체코, 헝가리

급성장하는 중국 시장을 뒷받침하는 가흥 공장

에 이어 가동한 5번째 블록 생산 공장이다. 축구장 20개에 해당하는 16만 5,000제곱미터의 광활한 공장에서 블록 성형부터 제품 박스 포장까지 모든 것을 담당하고 있다. 레고 공장 중 최대 규모로, 1억 유로 이상을 투자했다.

박스에 포장된 제품은 중국 외에도 인도네시아, 말레이시아, 싱가포르 등 동남아시아 지역으로 출하된다. 동남아시아 대상 제품의 80%를 이 공장이 담당하고 있다.

크리스티얀센은 "중국에서 레고 블록의 인기는 그 어느 때보다 높고, 앞으로 더욱 뜨거워질 것이다"라고 말하며 자신감을 보였다.

레고를 경험할 수 있는 직영점 늘리기

레고는 생산 거점을 구축하는 동시에 중국에 '레고스토어' 직영점을 빠르게 늘려 나갔다. 조립의 대한 가치를 어필하기 위해서는 물리적으로 블록을 만질 수 있는 장을 늘리는 것이 필수였다.

레고의 CMO(최고마케팅책임자)를 맡고 있는 줄리아 골딘Julia Goldin은 이렇게 말했다.

"인터넷으로 레고를 알게 된 고객이 매장에서 블록 조립을 체험한 뒤 팬이 되는 경우가 많다."

레고를 모르는 사람이 많은 시장에서는 점포에서 그 세계관을 보여 주는 것이 매우 중요하다. 레고는 그 최전선이 중국 시장이라고 생각했고, 2020년에 전 세계 134개 매장 중 70%에 가까운 91개 매장을 중국에 개설했다.

동시에 중국의 현지 파트너사를 통해 디지털 영역에서 레고 브랜드를 침투시켜 나갔다. 2018년 1월 레고는 중국 인터넷 대기업 텐센트Tencent와의 제휴를 발표했다. 텐센트는 중국판 라인LINE이라고 할 수 있는 무료 채팅 소프트웨어인 '위챗WeChat'을 비롯해 온라인 게임 등을 전개하는 복합 인터넷 기업이다. 레고는 텐센트와의 제휴로 인터넷 안전성을 담보하면서 중국에서 콘텐츠를 유통하는 판로를 얻었다. 또한 레고는 저작권을 담보하면서 TV 프로그램 등 공동 개발도 추진할 계획이다.

나아가 중국에서는 레고를 교재로 활용할 분위기가 고조되고 있다. 중국에도 자녀의 창의적 사고력을 키워 주고 싶어 하는 부모가 많다. 이에 레고는 완구뿐 아니라 교육 서비스를 포함한 전방위로 중국 시장을 개척해 나갈 계획이다.

중국에서 축적한 지식이나 노하우는 새로운 시장 개척에도 응용할 수 있다. 중국 다음으로 노리는 시장은 중동과 인도, 그리고 아프리카 대륙이다. 2019년에는 아랍에미리트UAE 두바이에 새로운 거점을 구축했다.

크리스티얀센은 이렇게 말했다.

"현재 레고는 매출액의 약 80%를 유럽과 미국 등 전 세계 약 20%의 나라에서 벌고 있다. 이 수익 구조는 약 20년 동안 거의 변하지 않았다. 나머지 80% 국가를 개척함으로써 레고는 계속해서 성장할 수 있다."

디지털을 통한 새로운 놀이 경험

크리스티얀센이 그리는 레고 재성장을 위한 또 다른 중점 분야는 디지털과의 융합이다.

"단어는 같아도 지금과 30년 전의 디지털은 크게 다르다."

과거 레고와 디지털과의 융합은 게임 위주였다. 그러나 지금은 스마트폰을 중심으로 동영상과 음악, SNS, 프로그래밍 등 레고가 융합될 수 있는 디지털 영역이 현격히 확장되고 있다. 이러한 영역과 레고 놀이 경험을 어떻게 조합할 수 있을까. 이것이 바로 레고의 성장을 결정지을 열쇠였다.

크리스티얀센이 일례로 든 것은 프로그래밍을 할 수 있는 레고로 알려진 레고 마인드스톰 시리즈였다. 2020년에는 마인드스톰의 최신작을 발매하여 스크래치를 기반으로 한 범용 프로그래밍 언어를 이용할 수 있도록 해 레고의 놀이 방법을 확장시켰다.

크리스티얀센은 이렇게 강조했다.

"물론 디지털의 융합이라고 해도 조립 체험에서 벗어나지는 않는다. 레고의 최대 경쟁력은 지금까지와 다름없이 블록 조립에 있다."

크리스티얀센은 레고 본연의 힘을 축으로 다시 장기적인 성장을 위한 체제를 만들면 레고는 다시 부활할 수 있을 것이라고 말하며 이렇게 이야기했다.

"레고는 손을 놓고 있었던 것이 아니다. 재성장을 위한 대책을 이미 내놓기 시작했다."

2017년 크리스티얀센이 재성장 전략을 선언한 후 앞서 언급했듯 2020년 레고의 연간 결산 연결매출액은 사상 최고 이익을 기록했다. 아울러 2021년 9월 28일에 발표한 2021년 중간 결산에서도 중간기로서는 이례적인 호실적을 기록했다.

중국 시장의 성장은 더욱 가속화되었다. 디지털과의 융합을 바탕으로 레고 슈퍼마리오라는 히트작이 탄생했다. 레고 라이프 등 팬들을 위한 SNS도 꾸준히 이용자가 늘고 있다.

레고는 코로나19 사태로 인해 재택근무로 시간적 여유가 생긴 어른 팬들을 끌어들이는 데도 성공했다. 지속가능성을 추구하는 기업으로서의 인지도도 높아졌다. 크리스티얀센은 공언한 대로 레고를 재활성화시켜 성장 궤도로 되돌려놓는 데 성공했다.

계속해서 혁신의 틀을 깰 수 있을까

다만, 앞으로도 레고가 안전할 것이라는 보장은 없다. 지금도 사업 환경은 격변하고 있으며, 주변 곳곳에 리스크가 도사리고 있기 때문이다.

예를 들어, 레고 경쟁력의 원천인 블록의 경우 성장 시장인 중국에서 레고를 모방한 제품의 품질이 해마다 향상되고 있다. 2016년 중국 공장이 준공되었을 때 영국 BBC 방송은 흥미로운 내용을 방영했다. 레고 공장장에게 진짜 레고와 가짜 레고를 건넨 뒤 어느 쪽이 가짜인지 알아맞히게 했다. 결과는 어땠을까? 공장장은 진짜와 가짜를 쉽게 구분하지 못했다.

레고는 악성 모조품에 대해서는 소송을 진행하고 있으며, 2017년 12월에는 중국 내 제조사에 모조품의 제조·판매를 금지하는 명령이 나온 바 있다. 그러나 값싸고 진품으로 보기에도 손색이 없는 모조품은 향후 성장 시장에서 비즈니스를 전개할 때 리스크가 될 것이다. 중국 업체가 모방 블록으로 인도나 아프리카 시장을 석권해 버리는 일이 발생하면 레고의 성장 전략에도 영향을 미칠 수 있다.

'레고 아이디어'로 개척한 사용자 혁신도 시시각각 변화하고 있다. '레고 아이디어'의 경우 최종 제품화는 레고가 담당하지만, 현재 레고를 거치지 않고 사용자가 작품을 업로드하면 그 작품을 만들 수 있는 블록을 판매하는 사이트도 늘어나고 있다.

지난 2019년 레고가 인수한 '브릭링크'가 그 선구자인데, 앞으로 사용자의 영향력이 더욱 높아져 제품 개발 주도권이 레고에서 사용자로 옮겨 갈 가능성도 있다. 전혀 알지 못하는 곳에서 팬들이 마음대로 제품 개발을 시작하면 레고도 관망만 할 수는 없을 것이다. 미국 매사추세츠공과대학교 교수 에릭 폰 히펠이 지적했듯 레고는 어느 지점에서 사용자 혁신에 대한 굳은 각오가 필요할지도 모른다.

디지털 게임과의 경쟁도 끝이 없다. 2020년에는 레고 슈퍼마리오를 통해 디지털과 레고를 접목한 새로운 놀이를 제시했지만, 아이들의 여가 시간을 두고 게임과 경쟁하는 구도는 앞으로도 계속될 것이다.

온라인 레고로 전 세계 팬들을 거느린 마인크래프트는 지금도 탄탄한 인기를 자랑하고 있고, '로블록스'와 같이 레고에서 영감을 얻은 것으로 보이는 새로운 온라인 게임도 끊임없이 등장하고 있다. 이러한 콘텐츠들을 능가하는 매력을 계속해서 보여 주지 않으면 아이들은 게임의 세계에서 돌아오지 않을 것이다.

반면, 많은 부모가 자녀를 디지털과 분리하고 싶은 마음에 레고를 가지고 놀게 한다. 미국 매사추세츠공대학교 슬론경영대학원 강사 데이비드 로버트슨은 레고가 어려운 상황에 놓여 있다고 지적했다.

"레고가 디지털과 융합되어 버리면 오히려 매력이 줄어들었다고 느끼는 부모가 증가할 수 있다."

전 세계적으로 디지털 단말기의 가격이 저렴해지면서 스마트폰에 비해 레고의 가격 경쟁력이 크지 않은 상황이 되고 있다. '누구나 스마트폰 게임을 접할 수 있는 시대에 조립의 경험을 어떻게 제시할 것인가' 하는 도전은 결코 사라지지 않을 것이다.

레고는 위기가 닥칠 때마다 자신의 가치를 물으며 소비자에게 제공할 수 있는 가치를 늘려 도약의 원동력으로 삼아 왔다. 이를 통해 아이들을 위한 완구에서 세대를 초월한 상품으로 가치를 넓혔고, 나아가 배움을 촉진하는 도구로도 쓰이게 되었다.

레고의 본질적인 가치는 무엇일까? 그것은 레고 블록이 가진 매력을 시대에 따라 변화시키는 적응력에 있다. 제품 자체만 보면 경쟁자가 아주 쉽게 모방할 수 있는 플라스틱 블록일 뿐이다. 그런데도 가격 경쟁이나 기술 경쟁에 휩쓸리지 않는 것은 레고가 그동안 블록에 새로운 가치를 부여해 왔기 때문이다. 쌓아 올린 브랜드 파워에 안주하고 새로운 가치를 모색해 나가는 노력을 멈춘다면 곧바로 범용화의 물결에 휩쓸려 버릴 것이다.

지켜야 할 것과 바꿔야 할 것 사이에서 균형 있게 지속적으로 성장하는 것이 크리스티얀센 등 경영진에게 부여된 과제다. 그 과정에서 레고의 가치를 되묻는 상황에 처할지도 모른다. 블록 조립 체험이라는 가치도 절대적인 것이 아니다.

'왜 계속해서 성장해야 하는가.'

'회사는 어떤 존재 의의를 가지고 무엇을 목표로 하는가.'

현 상황에 안주하지 않고 이러한 질문을 끊임없이 던지며 변화를 멈추지 말아야 한다. 이것이 살아남기 위한 유일한 방법이다.

또한 레고의 행보는 AI의 확산으로 범용화 위험에 처한 우리 개개인에게도 큰 시사점을 던져 줄 것이다.

변화는 이미 시작되었다.

당신이 사회에 줄 수 있는 가치는 무엇인가.

당신은 계속 변할 각오가 되어 있는가.

닐스 크리스티얀센
(레고그룹 CEO)

지속적으로 놀면서 배우는 기업 문화 만들기

　1966년 4월 출생. 2017년 10월부터 지금까지 레고에 몸담고 있다. 미국 맥킨지앤드컴퍼니에서 컨설턴트로 경력을 시작했으며, 수압기 및 인버터 등을 제조하는 덴마크 대기업 댄포스에서 CEO로 9년간 일했다. 덴마크 대형 보청기 업체 디만트의 이사회 회장과 스위스의 식품 포장업체 테트라 라발그룹의 대표이사도 맡고 있다.

Q. 레고가 앞으로도 성장하기 위해서는 무엇이 중요하다고 생각하시나요?

　A. 마법 같은 방법이 있으면 좋겠지만 안타깝게도 그런 비책은 없습니다. 전 세계의 흐름을 지켜보면서 자사를 어떻게 적응시켜 나가느냐에 달려 있다고 생각합니다. 레고가 당면한 과제는 디지털화입니다. 디지털화 물결이 우리 제품과 아이들이 노는 방식에 어떤 영향을 미칠지 주시할 필요가 있습니다.
　레고 제품 자체의 디지털화는 사실 오랜 역사가 있고, 결코 적이 아닌 가능성으로 여겨 왔습니다. 다양한 연령의 아이들이 디지털화의 영향을 받아 놀이 방법이 크게 바뀌고 있습니다. 저희도 이에 대응하며 시행착오를 거듭하고 있죠. 가장 최근에는 '레고 슈퍼마리오'가 큰 성공을 거두었습니다. 디지털과 물리적 블록을 결합한 놀이는 아직 무한한 가능성이 있습니다. 따라서 멀리 내다보고 투자를 지속해 나갈 생각입니다.

제품과 노는 방법뿐 아니라 레고라는 회사 자체의 DX(디지털 트랜스포메이션)도 중요합니다. 우리의 공급망이나 일하는 방식에도 큰 영향을 미치고 있으니까요. 코로나19 사태 이후 온라인을 통해 구매가 크게 늘고 있지만 이런 인프라 측면에서 지속적으로 개선이 필요하다고 생각합니다.

현재 추진 중인 것은 유저가 하나의 아이디ID로 레고의 플랫폼을 자유롭게 왕래할 수 있는 구조를 만드는 것입니다. '레고스토어', '레고랜드', '레고 아이디어' 등 다양한 서비스를 경계 없이 연결하여 안심하고 즐길 수 있는 기반을 구축할 계획입니다.

Q. 코로나19 사태 이후 레고의 경영 방침은 어떻게 바뀌었나요?

A. '영감을 주며 미래의 주역을 키운다'라는 방침은 변함이 없습니다. 반면 사업 전개에 대한 접근 방식은 끊임없이 바뀌고 있죠. 일례가 직원들의 근무 방식입니다. 채팅이나 화상회의 시스템 등을 활용하여 재택근무로도 막힘없이 커뮤니케이션할 수 있는 체제를 구축하고 있습니다. 사무실 환경도 디지털화하여 재택과 사무실 각각의 생산성을 높이는 체제를 갖추었습니다.

또한 의사결정 방식도 달라졌습니다. 2021년 덴마크 빌룬에 완공된 새 본사는 기존 본사와 개념이 완전히 다릅니다. 지금까지는 전체 전략을 본사에서 결정하고 이를 다른 거점으로 전달하는 피라미드형 조직 구조였습니다. 본사가 정상에 군림해 있었죠. 하지만 정보기술이 발달하고 트렌드가 빠르게 변화하는 시대에는 본사가 항상 최신 정보를 파악한다고 말할 수 없습니다.

그래서 본사와 지사의 관계를 피라미드형이 아닌 정보를 대등하게 주고받는 평등한 관계로 바꾸고 있습니다. 레고 본사에서 운용하고 있는 다양한 제도와 아이디어를 해외 거점인 런던이나 싱가포르, 상하이에서 가져와 역적용하는 경우도 증가했습니다. 다른 거점의 노하우를 원활하게 흡수하려 할 때 본사와 지사라고 하는 상하 관계가 장해물이 되는 경우가 많습니다. 따라서 모든 거점에서 동일한 기업 문화와 일하는 방식을 유지하여 사람과 정보의 유동성을 높이고 있습니다.

Q. 글로벌 기업으로서 레고는 앞으로 어떻게 시장을 확대해 나갈 계획인가요?

A. 현재 중점 시장은 중국입니다. 중국 시장은 2020년에도 우리의 성장을 크게 견인했습니다. 중국에서의 브랜드 인지도와 이해를 더욱 넓히기 위해서는 텐센트 등 유력 기업과의 연계가 관건이라고 생각합니다.

한편 레고의 세계관을 이해하는 것도 중요합니다. 그러려면 레고 블록을 실제로 만져 보면서 레고를 경험할 수 있는 장이 필요합니다. 이것이 중국에서 '레고스토어'를 늘리고 있는 이유입니다. 2020년에는 134개의 매장을 열었는데, 그중 91곳이 중국에서 오픈했습니다.

레고를 전혀 모르는 사람들도 매장을 방문함으로써 우리가 어떠한 가치관에 기반을 두고 있는지 깊이 이해할 수 있습니다. 이곳에서의 경험과 인상이 두고두고 기억에 남을 것입니다. 온라인으로 상품을 구매해도 되지만 레고를 직접 만져 보는 경험이야말로 브랜드의 가치를 높이는 데 중요한 역할을 한다고 생각합니다.

이 접근 방식은 앞으로의 신시장 개척에도 응용할 수 있습니다. 예를 들어, 중동 지역의 경우 2028년에는 어린이 수가 1억 2,500만 명에 달할 것으로 알려져 있습니다. 이미 두바이에 사무실을 개설하여 중동 지역 거점을 구축하고 있습니다. 아프리카는 물론, 인도도 염두에 두고 있죠. 레고의 성장 잠재력은 아직 많이 남아 있습니다.

Q. 지속적으로 성장하려면 기업 문화를 유지하는 일도 중요합니다. 어떻게 생각하시나요?

A. 다행히 레고는 매우 강한 브랜드 파워를 가지고 있고, 직원들이 기업 문화를 잘 이해하고 있습니다. 레고에는 오랜 세월 함께한 직원도 많고, 레고가 어떤 기업인지 체감하고 있는 직원도 많습니다. 그러한 직원들이 지닌 레고의 기업 문화를 존중하는 것이 최선이라고 생각합니다. 그럼 경영진은 무엇을 해야 할까요? 기업이 지향해야 할 방향을 제시해야 합니다.

Purpose(존재 의의), 즉 레고의 존재 의의를 항상 보여 주며 그것을 향해 변화를 추진해 나가는 것이 경영자의 역할입니다. 우리의 존재 의의는 아이들의 미래에 기여하는 것이기 때문에 이를 실현하기 위해서는 어떻게 해야 하는지 생각하고 직원들을 고무시킬 필요가 있습니다.

요즘에는 존재 의의를 침투시키기 위해 CCO(최고문화경영자)를 둔 회사도 있는데, 레고에서는 제가 그 역할을 맡고 있습니다. 다만, 리더가 문화를 확산시키는 것은 본말전도인 것 같습니다. 문화란 가르치는 것이 아니라 직원 개개인이 자각하고 익히는 것이라고 생각합니다.

Q. 레고의 강점은 무엇일까요?

A. 레고는 강력한 브랜드 파워와 명확한 비전을 가지고 있습니다. 디지털화, 즉 회사의 DX를 추진하는 것, 그리고 그 끝에는 아이들의 밝은 미래가 있습니다. 중요한 요소는 'Fun(즐기는 것)'입니다. 그 어떤 일도 본인 스스로 재미있어 하는 것 이상으로 퍼포먼스를 발휘할 수 없습니다. 레고 자체가 아이들에게 'Fun'이라는 경험을 제공하는 회사로 남기 위해서는 우리 스스로 일을 즐기고 재미있어 하는 문화를 소중히 여길 필요가 있습니다.

저는 그것을 일상의 일하는 방식에 어떻게 침투시켜 나갈지 끊임없이 고민하고 있습니다. 코로나19 사태를 겪으면서 직원들의 동기부여를 강화하고, 참여도를 높이고, 권한을 이양할 수 있는 조직을 만드는 것의 중요성을 배웠습니다. 직원들이 창의성을 발휘해 정신없이 일에 임하게 하려면 어떻게 해야 할까요? 정해진 답은 없지만 도전할 만한 과제입니다. 저 또한 설레는 마음으로 업무에 임하고 있습니다.

해설

지속적으로 가치를 창출하는 회사의 조건

— 쿠니타케 사소(BIOTOPE 대표)

'지금 당신이 회사를 떠나면 회사는 무엇을 잃을까?'

다소 어려운 개념인 '존재 의의'를 정의하기 위해 너무나 중요한 질문이다. 그 답을 생각하다 보면 이런 질문들이 자연스레 뒤따른다.

'당신은 회사 안에서 어떤 역할을 하고 있는가?'

'당신에게는 어떤 강점이 있는가?'

'당신이 그 회사에서 일하는 동기는 무엇인가?'

'인간'이란 단어는 '사람 인人'과 '사이 간間' 자를 쓴다. 혼자 있을 때의 인간은 정말 아무것도 아니다. 누군가(사회)와의 사이에서 어떠한 역할을 해야만 한다.

사람은 태어나자마자 혼자서는 아무것도 할 수 없지만 사회에서 다양한 경험을 쌓으며 할 수 있는 일을 하나둘 늘려 나간다. 그 과정에서 자연스럽게 역할도 넓어진다. 성장기에는 너무나 멋진 일이지만, 중년에 접어들 무렵이 되면 하는 일이 너무 다양해 거꾸로 자신의 존재 의의를 잃어버리기도 한다.

심리학에서 '중년의 위기'라 부르는 이 시기는 사회에서 할 수 있는 일이 늘어나면서 비대해진 자신의 역할을 정리하고, 자신이 해야 할 역할의 중심을 다시 찾는 시기라고 할 수 있다. 이 시기에는 많은 사회적 역할을 버리고 가장 나다울 수 있고 사회에도 유익한 핵심적인 본질을 골라내는 '역할 정리'가 필요하다.

기업에 요구되는 존재 의의

많은 기업이 비슷한 질문을 던지고 있을 것이라고 생각한다. 소비자나 주주 등이 기업의 존재 목적을 묻는 경우가 많아지면서 기업 이념의 재검토나 재해석을 실시하는 기업이 늘어나고 있다.

'우리 회사는 무엇을 위해 사업을 하고 있는가?'
'우리 회사가 존재하지 않으면 사회는 무엇을 잃을까?'

지금까지는 경제 성장을 앞세워 규모를 확대하는 것이 절대적인 선善이었다. 성장하는 동안에는 그것이 의미 있는 일인지를 재고할 필요가 없었다. 그러나 지금은 인구 감소와 기후 변화로 사업의 규모 확대 자체가 경우에 따라서는 자신들이 의지하는 지구에 악영향을 미칠 가능성마저 나오고 있다.

이러한 상황에서 자연스레 '기업 활동이 환경에 악영향을 미치고 있지는 않은가,' '기업이 창출하는 이익이 사회에 얼마나 긍정적인 효과를 주는가'와 같은 물음이 등장하고 있다. 기업들도 자신들의 존재 의의를 다시 생각해 보는 국면에 돌입하게 된 것이다. 비즈니스 세계에서도 중년의 위기 같은 것이 발생하고 있는 건 아닐까.

그동안 성장을 유일한 절대선으로 여겨 온 비즈니스 현장에서는 전략을 논의하기는 했지만, 자사의 존재 의의에 대해 깊이 있게 논의할 기회는 많지 않았다. 논의의 대상이 되는 것은 항상 경쟁 상대나 시장이었고, 자사의 이익을 극대화하기 위한 제품이나 서비스 개발에만 많은 시간을 투자해 왔다.

그러나 지난 10년간 비즈니스를 둘러싼 상황은 크게 달라졌다. 전략도 분명 중요하지만 이익 추구만을 목적으로 하는 회사는 소비자뿐 아니라 직원들과 주주들에게도 지지를 받지 못하고 있다. 오히려 사업 활동을 통해 어떤 세계를 실현하고자 하는지, 사회에 어떤 가치를 가져다줄 것인지를 명확히 정의하고 회사의 큰 의사결정 속에서 그 이유를 설명하는 것이 요구되고 있다.

단적인 예가 '지구를 구하기 위해 사업을 한다'라는 간단명료한 미션을 내건 아웃도어 스포츠 브랜드 파타고니아다. 물론 파타고니아가 지구를 구하는 것은 불가능하다. 그러나 자사 제품을 통해 비즈니스 본연의 자세를 되묻는 메시지를 제기함으로써 많은 지지를 얻었다.

포인트는 사회적 영향을 극대화하기 위해 특정 회사가 모든 것을 도맡는 것이 아니라 자사의 강점과 존재 의의에 초점을 맞춤으로써 사회와 협업할 수 있도록 하는 것이다.

레고 역시 확대 노선으로 나선 적이 있다. 레고는 블록 특허 소진과 함께 성공 모델을 잃고 사업 다각화에 나섰다. 하지만 그 과정에서 존재 의의를 잃어버리고 말았다. 이후에 다행스럽게도 회사가 제공하는 핵심 강점을 재검토하고, 사회에서의 존재 가치를 결정하고, 사회와 공동으로 창작함으로써 가치창조형 기업으로 되살아났다.

내가 경영하는 공동창작형 전략디자인기업 비오톱^{BIOTOPE}은 2015년 창업 초기에는 이노베이션 지원 프로젝트가 많았다. 그런데 최근 몇 년 동안 회사의 규모를 불문하고 기업의 비전을 그리거나 자사의 역할을 '존재 의의'나 '미션'이라는 형태로 언어화하거나 암묵적인 조직문화를 가치로서 언어화하는 프로젝트가 늘어났다.

앞으로의 시대에는 '기업이 어떤 가치를 창출할 것인가' 하는 의사가 더욱 중요해질 것이다. 그 물음에 답하기 위해서는 한발 앞서 그 가치를 창출할 혁신에 임하는 것뿐만 아니라 '미션', '비전'이라고 하는 경영 이념의 토대를 굳혀 조직 전체의 가치를 만들어야 한다.

경영자나 사업 총수가 직원들과 머리를 맞대고 논의를 거듭하며 존재 의의나 가치관을 생각하는 기업은 지금도 계속 늘어나고 있다.

'Why'가 요구되는 세상

최근 들어 회사의 존재 의의가 중요해지고 있는 이유는 무엇일까? 그 배경에는 몇 가지 이유가 있다.

그중 하나는 급속한 기술 변화다. IoT(사물인터넷화), AI, 로보틱스 등 지난 20년간 일어난 디지털 기술 혁신은 사회 구조를 크게 바꾸어 놓았다. 산업 주역이 공업에서 정보로 이행되는 가운데 기업도 정보화 사회에 적합한 경영이나 조직으로의 전환이 요구되고 있다. 정보화 사회에서는 고객이나 종업원 등 이해관계자로부터 공감을 얻는 것이 사업 추진에 필수적이다.

자동차 업계가 그 예다. 기존 자동차 회사들은 품질 좋은 자동차를 개발하는 것이 최우선 과제였다. 이 목적을 수행하기 위해 질 좋은 자동차를 효율적으로 개발하는 데 최적화된 '생산 조직'을 구축함으로써 경쟁사와 경쟁을 벌여 왔다.

그런데 정보화 시대에 들어서면서 룰이 바뀌었다. 이제 자동차 회사들이 개발해야 할 제품은 질 좋은 자동차만이 아니다. 자동차 업계 외 경쟁자들이 대거 뛰어들어 자율주행, 카셰어링 등 새로운 기술과 새로운 서비스가 등장한 결과, '모빌리티'라는 기존보다 더 큰 개념으로 미래 차를 재조명할 필요가 발생했다.

흔히들 말하는 상품 및 서비스를 중시하는 소비에서 경험을 중시하는 소비로 이동하게 된 본질은 새로운 가치관에 근거한 비즈니스 모델, 즉 시스템을 만든다는 데 있다. 그리고 시스템에는 반드시 설계 사상이 필요하다.

　자동차라는 기존의 틀에 얽매이지 않고 새로운 아이디어를 사업화하려면 우선 그 중심이 되는 회사의 사상, 즉 가치 기준을 정할 필요가 있다. '우리 회사는 어떤 활동을 가치 있게 생각하고 있으며, 그 결과 어떤 사회를 실현하려 하고 있는가' 를 기점으로 새로운 시도를 시작하지 않으면 사업이 방향을 잃을 가능성이 크다. 그러한 의미에서 기업에는 '어떠한 가치를 제공하는가' 하는 'What' 이전에 '왜 그 사업을 하고 싶은가' 하는 'Why'가 요구되고 있다.

크게 바뀐 가치관

　회사의 존재 의의가 중요해지고 있는 또 하나의 이유는 사회를 구성하는 중심 세대의 가치관이 달라졌기 때문이다. 태어날 때부터 인터넷이나 스마트폰을 일상적으로 접한 밀레니얼 세대와 Z세대라고 불리는 층이 사회의 주역이 되고 있다. 2025년에는 이들 세대가 세계 노동 인구의 75%를 차지할 것이라고 한다.

　이들 세대의 특징 중 하나는 상품이나 서비스의 매력보다는 이를 제공하는 기업의 의의를 중시한다는 점이다. 상품을 선택할 때 가격이나 기능보다 그 안에 내재되어 있는 의미를 중시해 개발한 기업의 자세에 공감할 수 있는지를 판단한다. 선진국의 밀레니얼 세대와 Z세대는 환경 문제 같은 사회 과제에도 민감하게 반응하며, '지속가능성'과 같은 단어에 대한 감도도 높다.

　비오톱 구성원의 과반수는 20대다. 그들과 대화를 나누다 보면 풍요에 대한 가치관의 변화를 실감한다. 금전적인 보수도 중요하지만, 그 이상으로 자신이 의의를 느끼는 프로젝트에 관여하고 싶어 한다. 그 이면에 있는 본질은 '미래는 예측할 수 없고, 절대적인 답은 모른다. 그래도 나와 비슷한 가치관을 가진 사람이나 기업과 함께 답이 없는 시대를, 이 순간을 즐기며 살아가고 싶다'라는 것이다.

매출액이나 이익 같은 기존 경영 지표만으로 성공을 가늠하기가 점점 더 어려워지고 있다. 앞으로는 기업이 '어떤 세계를 만들어 내고 싶은가' 하는 비전이나 세계관을 제시하는 것이 더욱 중요해질 것이다. 이를 통해 공감하고 협동하고 싶어지는 조직문화를 조성하여 직원은 물론 비즈니스 파트너, 주주 등의 이해관계자들도 동료 의식을 갖게 해야 장기적으로 가치를 창조해 나갈 수 있다.

생산하는 조직에서 창조하는 조직으로

표현의 차이는 있지만 대부분의 기업이 자사의 존재 의의를 정의하고 있다. 미션이나 비전을 정해 회사 사이트에 공식적으로 게재한 곳도 많다. 그러나 아쉽게도 그것들이 구성원 개개인의 삶의 이야기가 되는 경우는 많지 않다.

특히 전통 있는 기업일수록 그 의의를 잃어버리는 경우가 많다. 경영자 교체, 사업 성장, 다각화 등으로 인해 창업자가 갖고 있던 회사의 DNA(유전자)가 희석되면서 어느새 존재 의의가 모호해지거나 일관성을 유지할 수 없게 되기도 한다. 창업 당시에는 명확하게 존재했던 이상과 방향성이 어느 순간부터 사라져 버리는 것이다.

공업화 시대의 '생산하는 조직'에서는 비록 존재 의의가 모호해졌다 해도 경영에 심각한 문제가 되는 일은 적었다. 앞서 언급한 자동차 업계처럼 '해야 할 일', '만들어야 할 것'이 명확했기 때문에 경영자가 큰 방침만 제시하면 생산 활동은 분업 체제로 효율적으로 관리할 수 있었기 때문이다.

그런데 정보 혁명으로 모두가 네트워크로 연결된 시대가 되면서 상황이 크게 달라졌다. 정보화 사회에서는 여러 사람과 기업이 상호 작용 끝에 새로운 제품과 서비스에 대한 아이디어를 낳는다. 기업은 데이터나 아이디어 등 무형 자산을 모으는 장일 뿐, 최종적으로 새로운 가치를 창출하는 것은 사람에게 달려 있다.

따라서 기업은 구성원이 큰 비전이나 존재 의의를 가질 수 있는 곳으로서 존재할 필요가 있다. 각 구성원의 생각을 끌어내 기업의 지향점과 일치시키는 '창조적인 조직'으로 전환하는 것이다.

이 관점에서도 레고 사업의 변천은 매우 흥미롭다. 성장 과정에서 생산하는 조직에서 창조하는 조직으로 바뀌고 있기 때문이다. 분기점이 된 것은 1990년대 후반에 빠진 경영 위기다.

그동안 레고는 '아이들에게는 최고의 것을'이라는 기조하에 회사의 강점을 블록 품질에 두었다. 견고하고, 부서지지 않고, 딱 맞아떨어지는 정교한 블록을 효율적으로 대량 생산해 완구 시장 점유율을 넓혀 갔다. 그런데 1980년대에 레고 블록의 특허가 만료되기 시작하면서 블록의 품질만으로는 경쟁에서 이길 수 없게 되었다.

레고는 기업을 활성화시키기 위해 외부에서 경영자를 초빙하여 탈블록을 내걸고 사업 다각화를 추진했다. 하지만 안타깝게도 그 과정에서 자사의 존재 의의가 희미해졌고, 개혁은 실패로 끝이 났다. 그리고 더 심각한 경영 위기에 빠져 버렸다.

이때 레고는 다시 한번 자사의 존재 의의를 되물었다. 그리고 레고가 제공하는 놀이란 블록 자체뿐 아니라 조립에 있다는 사실을 재확인했다. 자사의 존재 의의를 되묻고 해야 할 일과 하지 말아야 할 일을 명확히 한 결과, 레고는 그 가치를 사외 파트너와 공동으로 확장할 수 있었다. 나아가 이를 새로운 제품을 창출하는 혁신 수단에 그치지 않고 회사의 가치 자체를 확장하는 선순환으로도 이어 가고 있다. 이것이 바로 창조하는 조직으로 전환함으로써 다시 살아난 성공 스토리다.

'뿌리' 찾아가 보기

그렇다면 기업은 어떻게 레고처럼 독자적인 가치를 창출하는 창조하는 조직으로 진화할 수 있을까? 기업을 경영하다 보면 아무래도 경쟁사와 비교하는 등 타인의 시선에 의식을 빼앗기기 쉽다. 그러나 중요한 것은 '우리의 강점은 무엇인가?', '우리가 과거-현재-미래를 통해 계속 만들어 내는 가치는 무엇인가'와 같이 자사가 축적해 온 문화적 자원을 탐색하고 다시 의미를 부여하는 것이지 않을까? 즉, 존재 의의를 마치 헌법처럼 한 번 정하고 평생 고수하는 것이 아니라 살아 있는 스토리로 바꾸어 항상 업데이트해야 한다.

우리는 날마다 고객이나 경쟁 등 외부 요인과 마주하며 살아가고 있다. 이러한 상황에서는 자신들이 가진 능력을 깊이 있게 생각해 볼 일이 별로 없다. 그러나 가치 창조 측면에서 생각해 보면 자신들 안에 잠들어 있는 능력에 초점을 맞춤으로써 그동안 보이지 않았던 가능성이 눈에 들어올 수도 있다.

이를 위해서는 일상의 업무 속에서 자사의 존재 의의를 재고하기 위한 여백을 만드는 것부터 시작하는 것이 좋다. 처음부터 결론을 내리려 하지 말고, 현장을 담당하는 직원 및 임원들과 논의를 거듭하여 자신들의 뿌리를 함께 찾아가 보는 것이다.

레고가 또 한 가지 흥미로운 점은 블록 자체를 사람 및 기업의 존재 의의를 탐색하고 스토리를 만들어 내는 도구로 이용할 수 있다는 점이다. 그 일례가 바로 레고 시리어스 플레이다. 사실 필자는 2008

년에 레고 시리어스 플레이 인증 퍼실리테이터 자격증을 취득했다. 그 당시 일본인 퍼실리테이터는 10명 미만이었다.

　레고 시리어스 플레이에 대한 자세한 내용은 이 책에 모두 담겨 있다. 레고 조립을 통해 자신 안에 존재하는 생각을 이끌어 내고, 최종적으로는 기업의 전략까지 수립할 수 있다.

　이 방법론이 가진 매력은 손을 움직이며 무언가를 만들면서 무의식적으로 하고 싶었던 일이나 자신도 모르게 꾹꾹 눌러 두었던 생각을 깨닫는다는 데 있다. 레고 시리어스 플레이는 이른바 '현대판 모래 놀이 치료 요법'이다.

　이것을 다양한 플레이어와 함께 실시하면 각각의 플레이어가 가진 생각들의 관계성이 보인다. 그러면 레고 블록의 세계는 그대로 실시간으로 전략을 시뮬레이션할 수 있는 자리로 탈바꿈한다.

　처음에는 딱히 명확한 답이 떠오르지 않더라도 손을 움직이며 블록을 조립하다 보면 잠재적으로 자신들이 만들고 싶었던 물건의 이미지가 보이는 경우가 있다. 심지어 조립한 모델을 자신의 입으로 직접 설명하다 보면 문득 새로운 깨달음을 얻기도 한다. '생각을 입 밖으로 내보고 비로소 자기 생각을 이해'하는 경험이 몇 번이나 일어난다. 여기서 강조하고 싶은 것은 우선 해 보는 것의 중요성이다.

　'레고 시리어스 플레이' 워크숍에서 가장 상징적인 질문 중 하나는 바로 '만든 것 중 가장 중요한 부분은 무엇인가. 그것은 무엇을 의미하는가'다. 모처럼 만든 것을 분해해 그중에서 소중한 하나를 선택하는 행위는 존재 의의를 다시 바라보는 사고방식이 아닐까?

　과거의 비즈니스는 사전에 충분한 데이터를 모아 검증된 아이디어를 실행하는 것을 당연하게 여겼다. 그러나 무엇이 정답인지 모르는 현대 사회에서는 새로운 시행착오를 계속해야 새로운 가치를 낳을 수 있다. 생각을 머릿속에만 머물게 하지 말고 일단 형상화해 나가는 것! 이것이야말로 지금 시대에 요구되는 매우 중요한 능력이다.

AI 시대의 인간 가치란

마지막으로 이 책 서장에서 언급한 질문인 '인간의 가치란 무엇인가'에 대한 나의 견해를 적고 싶다. AI 사회가 구현되었을 때 과연 인간의 가치란 무엇일까? 바로 '문화를 만드는 힘'이 아닐까? 집단으로서 어울릴 수 있는 방법이나 아이디어를 만들어 내는 힘 말이다.

인간은 혼자서는 살 수 없는 동물이다. 사람은 언제나 무리 지어 번영했고, 무리를 한데 묶기 위해 여러 가지 방법을 사용해 왔다. 정보 공유, 암묵적 룰, 사회 규범……. 사람과 사람을 연결하고 서로 의지하면서 자라 온 결과가 문화가 아닐까 싶다. 이렇게 생각하면 함께 모여 번영하는 과정을 문화로 승화시킬 수 있는 것은 오직 인간만이 할 수 있는 일이다.

이러한 관점에서 레고는 세계 어디서나 블록을 통해 소통할 수 있다. 블록이라는 공통 언어를 바탕으로 팬들을 연결하여 새로운 문화를 만드는 플랫폼이라고도 할 수 있다.

'호모 루덴스'라는 말이 있다. 이는 단순 쾌락과 향락을 넘어 이성과 감성의 통합에 다다를 때 실현되는 인간의 본질이라는 뜻이다. 쉽게 말해 인간은 '노는 생물'이라는 의미다. 사람은 사람과 무리를 이루고 놀며 문화를 만든다. 이러한 인간성을 구현하는 것, 그것이 바로 레고라는 회사의 미래가 아닐까?

THE LEGO STORY

덴마크 빌룬에 있는 콘마케인 공장.
이곳의 기계는 크리스마스를 제외하고 364일 쉬지 않고 돌아간다.

부록

잠입! 레고 공장

레고의 창업지 덴마크 빌룬에 있는 콘마케인 공장은 역사가 가장 깊은 생산 거점이다. 레고의 효율 경영의 심장부라 할 수 있는 내부 모습을 함께 살펴보도록 하자.

  레고 블록은 크게 3단계 제조 공정을 거친다.

  ① 블록 재료가 되는 플라스틱 소재 반입
  ② 이를 녹여 성형기로 블록 성형(몰딩)
  ③ 블록을 제품별로 집하하여 상자에 담아 출하(패키징)

  콘마케인 공장에서는 이 공정 중 주로 ①과 ②를 담당한다. 레고는 헝가리와 멕시코, 체코, 중국에도 공장을 두고 있으며, 그곳에서는 글로벌 마켓을 위한 블록 생산과 패키징이 이루어진다. 레고의 연간 블록 생산 수는 2017년 기준 750억 개에 달한다.

효율적인 신제품 생산 방식

  앞서 언급했듯 레고의 고효율 경영의 비밀은 핵심 사업을 블록 개발과 제조로 좁힌 데 있다.

  완구의 세계는 일반적으로 영화나 음악 산업에 가까우며, 유행이 심한 업계로 알려져 있다. 시즌마다 유행하는 완구가 바뀌어 지난해

콘마케인 공장의 규모는 6만 2,000제곱미터에 달하며,
확장을 거듭해 생산 능력을 높여 왔다.

에 히트한 제품이 이듬해에는 잘 팔리지 않는 경우가 많다. 인기가
많은 캐릭터 제품이라 해도 콘셉트나 놀이 방식을 시즌별로 바꾸지
않으면 매출을 계속 유지하기 어렵다.

완구업체들은 매 시즌 트렌드 변화에 대응하기 위해 완구를 개발
하고, 이를 위한 생산 라인에 투자한다. 한 시즌 한정으로 끝나는 완
구도 적지 않아 정기적인 설비 갱신이 필요하다. 이것이 완구 메이커
의 경영 효율을 떨어뜨리는 요인 중 하나다.

그런데 레고의 사업 구조는 다르다. 매 시즌 신제품을 투입해도
기본적으로 생산 라인을 대규모로 변경하지 않는다. 블록의 조합을
바꾸어 패키징하고 새로운 부품 생산에 필요한 성형 부품을 추가하
기만 하면 된다. 신제품이라도 기존 블록을 사용하는 비율이 높으면
경영 효율이 높아진다.

공정① 소재 반입

그럼 실제로 현장 상황을 살펴보자.

견학자는 공장에 들어가기 전에 전용 신발로 갈아 신어야 한다.

500미터가량의 긴 통로가 이어져 있다.

ABS 수지로 만든 '그래뉼레이트'라 불리는 플라스틱 소재

먼저 공장 입구에서 전용 신발로 갈아 신는다. 공장은 코로나19의 영향으로 일시적으로 조업을 중단하기도 했지만, 지금은 정상 체제로 복귀했다. 공장은 크리스마스를 제외하고 364일, 24시간 가동되고 있다. 공장에서는 시간당 400만 개의 블록을 생산하며, 약 800명의 종업원이 2교대 시프트제로 근무하고 있다.

공장에 발을 들여놓으면 가장 먼저 천장에 무수히 있는 파이프가 눈에 들어온다. 그 파이프에서 이따금 '샤샤' 하는 소리가 울려 퍼진다. 소리의 정체는 바로 블록의 재료가 되는 ABS 수지로 만들어진 플라스틱 소재다. '그래뉼레이트'라 불리는 소재로, 작은 쌀알 같은 상태로 트럭을 통해 매일 공장으로 운반된다.

공장 내에 있는 거대한 사일로. 이 안에 플라스틱 소재가 저장된다.

하루에 쓰이는 그래뉼레이트의 양은 100여 톤이다. 공장 내에 둘러쳐진 파이프를 지나 24기의 거대한 사일로에 저장된다.

앞서 8장에서 언급했듯 레고는 현재 이 ABS 수지를 대체할, 재생 가능한 소재를 원료로 한 블록 개발을 진행하고 있다. 2018년에는 첫 번째 성과로 식물성 사탕수수 소재를 이용해 '나무'와 '숲' 부품(엘리먼트)을 개발했다.

공장을 안내해 준 레고 담당자의 말에 따르면 플라스틱 소재는 20종류 정도의 색상이 있고, 이들을 혼합하여 50개 이상의 색상을 만들어 내고 있다. 사용하는 소재의 색상은 시즌이나 제품에 따라 유연하게 바꾸고 있다.

죽 늘어선 블록 성형기. 약 800대가 가동되고 있다.

공정② 블록 몰딩

다음은 몰딩 공정이다. 저장된 플라스틱 소재의 그래뉼레이트는 제조하는 부품별로 성형기로 보내진다. 컴퓨터로 자동 제어된 성형기는 거대한 업소용 냉장고를 옆으로 눕힌 듯한 모양새다. 그래뉼레이트를 230~310도 고온에서 녹여 치약 형태로 만든 뒤 블록의 '주형'에 흘려 넣는다.

제조하는 부품의 종류에 따라 1제곱센티미터당 최대 2톤의 압력을 가해 모양을 만든다. 10초 정도 지나면 블록이 식어 딱딱해지고 자동으로 틀에서 떨어진다. 정해진 순서에 따라 보기 좋게 블록이 양산되어 간다.

블록의 정밀도는 0.005밀리미터 단위에 맞추어 블록끼리 딱 들어맞는 품질을 유지하고 있다. 콘마케인 공장에서는 약 800대의 성형기가 가동되고 있다.

성형 공정에 사용되지 않았던 플라스틱도 재사용된다.

공정③ 집하 및 출하

생산되고 있는 레고 블록의 엘리먼트 종류는 3,700개가 넘는다고 한다. 앞서 3장에서 언급했듯 2000년대 초반에는 이 엘리먼트의 종류를 지나치게 늘려 경영이 압박을 받기도 했다. 경영 상태가 궤도에 오른 지금은 엘리먼트 수가 다시 증가하는 추세다.

제조된 블록은 제품화되기 전까지 일시적으로 창고에 보관한다. 운반 로봇이 성형기에서 창고까지의 이송을 담당한다. 성형기에 부속된 상자 안에 성형한 블록이 일정량 모이면 상자를 자동으로 집하하여 창고로 이어지는 컨베이어 벨트까지 운반한다.

모든 레고 부품에는 식별 기호가 부여되어 바코드로 제조 공정을 관리한다. 별실 창고에는 42만 개의 상자에 레고 블록이 보관되어 있고, 주문이 들어오면 거대한 크레인이 자동으로 해당 상자를 골라 포장을 위한 컨베이어 벨트에 싣는다.

콘마케인 공장에서는 일부 마무리 단계도 담당하고 있다. 레고 미

성형기가 제조한 블록을 집하하는 로봇

레고 블록에는 각각을 구분하는 식별 기호가 부여된다.

니 피규어의 얼굴 그리기 공정 등을 거쳐 블록을 제품마다 봉투에 포
장하여 상품으로 출하한다.

지금은 공급망이 정비되어 전 세계 생산 거점 5곳 중에서 가장 효

42만 개의 상자에 레고 블록이 보관되어 있다.

율적인 판로를 선택해 정확하게 제품을 출하할 수 있게 되었다. 레고를 세계 최대 완구업체로 끌어올린 블록 개발·제조 사업! 그 경쟁력의 원천인 생산 공장 또한 계속 진화하고 있다.

마치며

레고를 낳은 덴마크는 질서와 혼돈이 뒤섞인 신기한 나라다. 여기서 '질서'는 이미 너무나도 유명한 복지국가라는 측면을 가리킨다. 의료비, 교육비, 출산비가 무료이고, 수도 코펜하겐뿐 아니라 주요 도시들은 모두 길이 잘 포장되어 있으며, 건물이 깨끗하게 관리되고 있다. 소비세율 25%, 국민부담률 약 60%에 달하는 세금이 이 탄탄한 시스템을 뒷받침하고 있다.

한편 '혼돈'은 코펜하겐 중심부에 따로 자치 구역으로 존재하는 지역에서 찾아볼 수 있다. 크리스티아니아Christiania라 불리는 그곳은 세계적으로도 강력한 자치권을 가진 히피 공동체로 유명하다. 작은 호수와 나무가 우거진 일대에는 컬러풀한 가옥과 목조 트리하우스가 죽 늘어서 있다. 인구 약 900명, 면적 약 7헥타르의 작은 커뮤니티이지만 덴마크 정부로부터 독립된 자치권을 가지고 있다.

'폭력 금지, 차량 통행금지, 하드 드러그(중독성이 매우 강한 마약) 금지'라는 독자적인 '법률'을 운용하며 국가國歌와 국기도 가지고 있다. 이 지역에 한해서는 정부도 대마 사용을 묵인하고 있다. 덴마크라는 선진국에 정부의 권한이 제한되는 커뮤니티가 존재한다는 것은 상상하기 어렵지만 크리스티아니아는 국민들에게도 인정받아 자치 공동체로서 현재도 잘 운영되고 있다.

복지국가와 히피 공동체.

언뜻 양극단에 존재하는 것처럼 보이는 이 2가지 커뮤니티는 덴마크의 가치관으로 연결되어 있다. 공통적인 것은 국민(주민) 개개인이 독립된 개인으로서 존중받고 커뮤니티 운영에 주체적으로 관여하고 있다는 점이다. 복지를 누리는 것과 자유를 얻는 것은 주인의식을 기반으로 자기 자신의 행동에 책임과 규율을 갖고 생활하도록 요구받는다는 점에서 같다.

레고 블록은 이러한 덴마크 문화를 상징한다. 블록 놀이를 통해 기를 수 있는 논리력과 창의력은 질서와 혼돈 그 자체다. 레고가 인간 본연의 능력을 이끌어 내는 도구로 주목받고 있는 것은 얼핏 모순될 만한 2가지 가치를 모두 긍정하고 일깨우기 때문인지도 모른다.

'당신은 무엇을 만들고 싶은가?'
'당신은 무엇을 중요하게 생각하는가?'
'당신이 사라지면 세상은 무엇을 잃는가?'

덴마크 사람들은 여러 세대에 걸쳐 자신들의 생각을 블록으로 표현해 왔다. 자신의 가치를 자유롭게 해 줄 수 있는 것은 자신의 행동밖에 없다. 생각하기 전에 우선 손을 움직이는 것부터 시작하는 것이 레고 경영에서 얻을 수 있는 교훈 중 하나다.

이 책은 2008년 필자가 〈닛케이 비즈니스〉 기자 시절에 만난 엘리펀트디자인의 니시야마 코헤이를 취재한 것을 계기로 탄생했다. 다시 한번 멋진 기회를 준 〈닛케이 비즈니스〉 편집부에 감사 인사를 전한다.

필자는 당시 집필한 기사 내용을 바탕으로 레고 관계자들을 취재하여 레고의 경영과 블록이 가지고 있는 신기한 매력에 다가서고자 노력했다. 도중에 코로나19로 인해 물리적 이동을 동반한 취재는 어려워졌지만 화상회의 서비스 등을 활용함으로써 오히려 이전보다 더욱 자유롭게 세계 각지에 있는 레고 직원들을 취재할 수 있었다.

정보기술의 진화로 취재 활동에 물리적 거리 제약이 사라졌음을 실감할 수 있었다.

레고 본사 취재는 5년이 넘도록 레고의 기업 커뮤니케이션을 담당한 호아 루 트라벡와 데니스 라우리첸, 레고 재단의 얀 크리스티얀센 등에게 많은 도움을 받았다. 취재에 응해준 CEO 닐스 크리스티얀센을 비롯하여 역대 간부들, 모든 레고 관계자들에게 감사의 마음을 전한다.

현재 필자가 몸담고 있는 링크드인에도 감사의 마음을 전하고 싶다. 오랜 기간 준비해 온 기획을 구현하는 것을 진심으로 응원해 주었고, 세계 각지에 있는 동료들이 적극적으로 지원해 주었다.

이 책은 많은 동료들의 도움으로 완성되었다. 특히 사진작가 나가카와 도모코는 수많은 취재에 동행해 주었다. 그녀만의 시각으로 파인더 너머 몇 가지 인상적인 장면을 포착할 수 있었다.

레고의 심플한 가치는 지금도 많은 어린이와 어른들을 매료시키고 있다. 그 세계를 경영의 관점에서 바라본 이 책 또한 몇 번이나 레고 블록을 쌓아올리듯 아이디어를 형성하면서 완성되었다. 부디 많은 독자가 재미있게 읽어 주길 바란다.

에비타니 사토시

레고 연표

역대CEO(최고경영책임자)	연도	주요 사건
창업자 올레 키르크 크리스티얀센	1932년	목재 완구 제조·판매
	1934년	사명을 'LEGO'로 정함
	1949년	최초의 플라스틱제 블록 개발
	1953년	블록 명칭을 '레고 블록'으로 변경
	1956년	독일 진출(첫 해외 진출)
2대 고트프레드 키르크 크리스티얀센	1958년	• 아버지로부터 경영권 승계 • 레고 블록 특허 취득
	1968년	덴마크 빌룬에 최초의 레고랜드 파크 개장
	1969년	유아용 '레고 듀플로' 출시
	1978년	최초의 '미니 피규어' 탄생
3대 켈 키르크 크리스티얀센	1979년	취임
	1985년	매사추세츠공과대학교(MIT)와 파트너십 체결
	1989년	1980년에 출범한 레고 교육 부문의 명칭을 '레고닥타'로 변경
	1996년	인터넷 홈페이지 'www.LEGO.com' 개설
	1998년	MIT와 공동 개발한 '레고 마인드스톰' 출시
	1999년	'레고 스타워즈' 시리즈 개발
	2002년	독일 쾰른에 레고스토어 1호점 오픈

	2004년	취임
	2005년	영국 멀린엔터테인먼에 레고랜드 매각
	2008년	세계 유명 건축물을 모델로 한 성인용 '레고 아키텍처' 출시
	2009년	자신의 오리지널 레고를 PC로 디자인할 수 있는 '레고 디자인 바이 미' 제공
4대 요안 비 크눗스토프	2011년	• 팬의 아이디어를 제품화하는 플랫폼 '레고 쿠수' 시작 • '레고 닌자고' 시리즈 출시
	2012년	• 여자아이를 주인공으로 한 '레고 프렌즈' 출시 • 레고 창업가가 경영하는 키르크비가 해상풍력발전에 출자
	2014년	• 레고 무비 공개 • '레고 쿠수'를 '레고 아이디어'로 리뉴얼
	2015년	레고 블록의 주요 원료를 지속가능한 소재로 대체하는 계획 발표
	2016년	중국에서 블록 생산 공장 준공
5대 발리 파다	2017년	• 1월에 취임 후 8월에 퇴임 • 10월 닐스 크리스티얀센 CEO 취임 • 덴마크 빌룬에 '레고하우스' 오픈 • 일본에 8번째 레고랜드 개장 • 어린이용 레고 전용 소셜 네트워크 서비스 '레고 라이프' 개시

6대 닐스 크리스티얀센	2017년	• 영국 멀린엔터테인먼트 매수 후 레고랜드를 다시 산하에 넣음 • 자사 사업에서 사용하는 전력을 100% 재생 가능한 에너지로 충당
	2018년	지속가능한 소재로 제조한 레고 엘리먼트를 제품에 적용
	2020년	• '레고 슈퍼마리오' 발매 • 지속가능한 제품 개발 등을 위해 4억 달러 추가 투자 발표 • 창업 이래 최고 실적 기록
	2021년	• 리사이클 플라스틱으로 제조한 레고 블록 시제품 발표 • 덴마크 빌룬에 신사옥 완공

장난감 브랜드, 혁신의 아이콘이 되다
더 레고 스토리

초판 발행 2024년 3월 29일
펴낸곳 유엑스리뷰
발행인 현호영
지은이 에비타니 사토시
옮긴이 류지현
편   집 김동화, 황현아
디자인 강지연
주   소 서울시 마포구 백범로 35, 서강대학교 곤자가홀 1층
팩   스 070.8224.4322

ISBN 979-11-93217-41-2 (03320)

LEGO KYOSO NIMO MOHO NIMO MAKENAI SEKAI ICHI BRAND NO SODATEKATA
by Satoshi Ebitani